# LA CIENCIA DEL ÉXITO

CÓMO ATRAER PROSPERIDAD Y CREAR
RIQUEZA ARMÓNICA® MEDIANTE PRINCIPIOS COMPROBADOS

## James Arthur Ray

SUNARK PRESS
CARLSBAD, CALIFORNIA
WWW.JAMESRAY.COM

Datos de la editorial para catalogado
Ray, James Arthur
   La ciencia del éxito: cómo atraer prosperidad y crear riqueza armónica
   mediante principios comprobados / James Arthur Ray.


        p.    cm.

   Incluye referencias bibliográficas.
   ISBN: 0-9667400-0-9
   ISBN: 0-9667400-1-7 (pbk)
   1. Success.  2. Life skills.  I. Title.
   BF637.S8  R39  2006            98-87858
   158.1 – dc21                   CIP


Diseño gráfico: Orange Pineapple Productions, LLC.

Corrección y estilo: César Vargas


SunArk Press
Carlsbad, California
Printed in the U.S.A.


Tercera Edición

«James Ray ha realizado un trabajo majestuoso tomando verdades complejas y poniéndolas en un formato fácil de entender y aplicar. Los principios de La Ciencia del Éxito han ayudado a varios de nuestros individuos más exitosos a acelerar y crecer su negocio. Cómprelo, léalo y duplique sus ingresos. »

Grant Sylvester
Director Ejecutivo de Money Concepts
Autor de The Money Gap

«El éxito es el resultado de aplicar los sólidos principios que se alinean con las leyes universales. Este libro es un poderoso mapa que garantiza su éxito personal.»

Brian Tracy
Autor de The Psychology of Selling

«James Ray es uno de los maestros más profundos e impactantes con los que he trabajado. Tiene una potente base de tecnología práctica y profundidad espiritual —una combinación rara vez vista.»

Jack Canfield
Autor de la serie de Sopa de Pollo para el Alma

«James Ray ha definido claramente el camino para crear un negocio exitoso y una vida exitosa. Actúe usando alguna de las numerosas técnicas presentadas en La ciencia del éxito y transformará su vida.»

Dr. John Mike
Presidente de Global Holistic Medical Center
Autor de Brilliant Babies, Powerful Adults

«Este libro le mostrará como alcanzar el éxito en los negocios y en la vida. Le ayudará a obtener excelencia personal y significación profesional.»

Nido R. Qubein
Presidente de Great Harvest Bread Company

«James Ray nos proporciona todas la herramientas necesarias para obtener nuestras metas. Aunque él llama a su estudio La Ciencia del Éxito, él ha transformado su viaje en una obra de arte, una comprensible, factible y poderosa guía para las relaciones interpersonales.»

James C. Hansberger
Director en Jefe de Hansberger Group en Salomon Smith Barney
Autor de Nice Guys Finish Rich

«Las relaciones y asociaciones son la clave para el éxito a largo plazo de alguien. La Ciencia del Éxito le muestra cómo sacar provecho de ambas para acelerar la obtención de sus sueños.»

Dr. Tony Alessandra
Autor de Charisma y The Platinum Rule

«James Ray es maestro de muchas disciplinas diferentes. Sabe no sólo cómo hacer dinero y prosperar en los negocios, también es un experto en muchas disciplinas espirituales. Él lo sabe, lo hace y lo vive.»

Bill Harris
Presidente y Director de Centerpointe Research Institute

«Después de leer La Ciencia del Éxito, tendrá no sólo la fórmula del éxito, también entenderá por qué funciona y tendrá la fe para hacerla funcionar. ¡James Ray ha organizado una obra maestra!»

Richard y Sonja Palmer
Distribuidores en Círculo Presidencial, Herbalife International

«¡El contenido de James Ray es excelente! Su conocimiento y sabiduría, y a donde lo puede llevar con éstas, es increíble. Las experiencias que le puede proporcionar son inigualables.»

Pete Bissonette
Presidente y Editor de Learning Strategies Corporation

# CONTENIDO

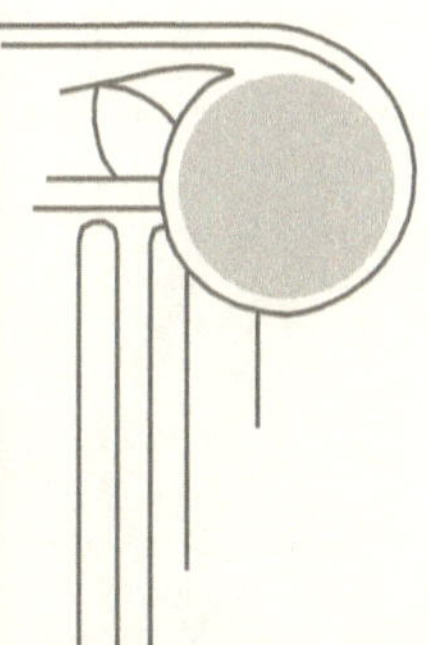

«Es una de las compensaciones más hermosas de esta vida que ningún hombre puede intentar ayudar sinceramente a su prójimo sin ayudarse a sí mismo.»

RALPH WALDO EMERSON

NO ES POSIBLE OBTENER NADA DE VALOR sin la ayuda de otras personas. Gracias al esfuerzo de las personas que han sido un regalo para mi vida, este libro se ha convertido en una realidad. Hay un poder que dirige a cada uno de nosotros hacia nuestro propósito único en la vida, si nos tomamos el tiempo para escuchar a nuestro ser superior. Gracias a todos mis amigos, mis seres queridos y co-creadores por escuchar a ese ilimitado poder interior. Lo que es más importante, mi más sincera gratitud es para mi Creador:

Por dar curiosidad y pasión por el entendimiento a un joven flacucho e inseguro que con frecuencia se preguntaba si su vida valdría algo;

Por atraer a mi vida, formal e informalmente, muchas grandes mentes y mentores, sin los cuales este libro no sería posible;

Por regalarme unos padres que me amaron, oraron por mí, me alentaron y creyeron en mí, incluso cuando no lo pude hacer por mí mismo. Mamá y Papá, ustedes son el más grande regalo que un hijo podría esperar;

Por enviarme a Carol Costello, quien vio el mensaje detrás de los bocetos y los escritos preliminares y se comprometió apasionadamente con el proyecto desde el primer día. Tu visión y voz han moldeado mis pensamientos e ideas en el mensaje que el mundo está listo para escuchar. Es un gozo trabajar contigo;

Por atraer a mi vida a Dave Morton, cuyo apoyo, aportación e ideas creativas ilustraron, aún mejor, puntos que han resultado ser invaluables. Atesoro tus convicciones y habilidades;

Por permitirme ganar un maravilloso sustento, mientras vivo la vida de mis sueños y hago lo que amo;

Y, finalmente, a ti, querido lector y a todos mis clientes, quienes continuamente aspiran a crecer y usar a cabalidad el potencial dado por Dios. Gracias por enseñarme cuando menos tanto como yo les he enseñado.

«Lo que está tras nosotros y lo que está ante nosotros son nimiedades, comparado con lo que está dentro de nosotros.»

OLIVER WENDELL HOLMES

DESEO AGRADECERTE POR DECIDIR EXPLORAR la Ciencia del Éxito. Este libro ha nacido directamente de mis experiencias personales, mis estudios y mis diecisiete años como entrenador, conferencista profesional y consultor para compañías como IBM, Coca Cola, Merrill Lynch, Subway, AT&T, Verizon, Century 21, RE/MAX, Dow Chemical, Blue Cross/Blue Shield. Literalmente, ha transformado mi vida y creo que es el programa de desarrollo personal más profundo y efectivo disponible en el mercado hoy en día.

Siempre me ha fascinado por qué gente como Gandhi, Einstein y Martin Luther King fueron exitosos en la vida, mientras que otras personas igualmente talentosas y que trabajan muy duro no tuvieron éxito. ¿Por qué algunas personas siempre parecen ganar —estar «en la zona»— mientras que otras no?

Mi búsqueda ha sido encontrar los principios que hacen a la gente exitosa, de manera que todos nosotros los podamos usar para ser las personas que estamos destinados a ser, para dar nuestra contribución singular al mundo, y para vivir la vida de nuestros sueños. Me he pasado dos décadas estudiando a la gente más exitosa del mundo —gente que no sólo fue exitosa económicamente y en los negocios, sino también en su vida personal, social y espiritual. Leí todo lo que pasó por mis manos, desde textos antiguos hasta filosofía contemporánea, psicología, espiritualidad e incluso física cuántica.

Mi don es tener la capacidad de sintetizar y enseñar. He tomado toda esta información e investigación, y la he visto desde la perspectiva de las vidas de gente exitosa y mi propia experiencia al trabajar con personas. El resultado, es *La Ciencia del Éxito*. Este libro describe de una manera sistemática y fácil de seguir las leyes y principios exactos que hacen que la gente sea exitosa.

## EL ÉXITO ES UNA CIENCIA

Los principios en este programa no son nada nuevo. Seguramente ya has escuchado la mayoría de ellos. Lo que es singular acerca de la Ciencia del Éxito, es que ¡he consolidado toda esta información en una manera comprensible y útil para todo el mundo! La Ciencia del Éxito hace que los principios universales del éxito sean prácticos y estén listos para usar. Cualquier persona en la Tierra puede aplicar esta ciencia, y ésta siempre le llevará al éxito.

Esto sucede porque la Ciencia del Éxito funciona con leyes universales, leyes tan fundamentales e inquebrantables como la ley de la gravedad. Si sigues estas leyes, te garantizo que vas a tener éxito —siempre que lo hagas y en cualquier desafío que emprendas. Es tan certero como cuando sueltas un lápiz, éste caerá en vez de elevarse. La gente que gana y triunfa consistentemente usa estas leyes y principios, ya sea de manera consciente o inconsciente. Cuando entiendas la Ciencia del Éxito, puedes decidir usar estas leyes y principios conscientemente. Al hacerlo, garantizas tu éxito.

## MI HISTORIA

Mi interés por desarrollar una Ciencia del Éxito se generó a raíz de un evento que cambió mi vida.

Yo no empecé con una apariencia muy exitosa. De niño, nunca soñé que viviría en una hermosa casa cerca de San Diego, California con vista al Océano Pacifico. Tampoco llegué a imaginar que sería uno de los gerentes de ventas más exitosos en AT&T o que trabajaría con el experto en organizaciones, Stephen Covey, o que fundaría un negocio tan exitoso y divertido como el mío.

En 1963, yo era un pequeño de seis años en Tulsa, Oklahoma. Estaba muy emocionado porque era mi primer día en el jardín de niños. Como a la mayoría de los niños, me encantaban las cosas nuevas. Me gustaba tomar riesgos. Quería ir a lugares nuevos y hacer cosas nuevas. Deseaba conocer gente nueva y encontrar gente que me quisiera. Tenía sueños. Por eso estaba muy emocionado por empezar el jardín de niños. Pero incluso desde el primer día, comencé a darme cuenta de algo. Comencé a darme cuenta de que yo era diferente.

¿Recuerdas aquel niño en tu aula que tenía los lentes grandes «de fondo de botella», los dientes pronunciados, aquel del que todos se burlaban y empujaban? Yo era ese niño. Los niños pueden ser crueles, aunque no sea su intención. Me pusieron de todos los apodos, desde «cuatro ojos» hasta el «Bugs Bunny». Como cualquier niño, me lo tomé a pecho. Estaba dolido y comencé a retraerme. Mi autoestima fue lastimada y comencé a preguntarme: «¿Qué me pasa? ¿Por qué no puedo ser como los demás?»

Cuando llegué al quinto grado, era el momento para incursionar en los deportes. Los atletas eran muy populares y vi ahí mi oportunidad. Traté de todo: béisbol, futbol y baloncesto; pero era muy flaco, larguirucho y descoordinado. Fracasé en todos y eso me convenció aún más que no era agradable y mucho menos adorable.

Con el paso del tiempo, iba siendo cada vez más alto; pero era evidente que no iba a ser robusto. En la preparatoria ya medía 1.82 metros y pesaba 68 kilogramos. Para entonces las chicas se habían convertido en algo muy importante; pero nunca tuve una cita. ¿Por qué? ¡Nunca pregunté! ¿Quién iba a querer salir conmigo? Yo era el inadaptado de la escuela. En la universidad continué con el mismo patrón. Nada de deportes, ni citas, ni autoestima.

Entonces, una Navidad recibí una membresía para un gimnasio. Siempre había querido ir a hacer ejercicio en un gimnasio; pero nunca había tenido el valor. Tenía miedo de que la gente se burlara de mí. Cuando tenía veinti-tantos, finalmente me armé de valor para ir al gimnasio y comencé a hacer pesas.

¡Mi cuerpo tuvo un cambio fantástico! Rápidamente pasé de 68 kilogramos a 104 fornidos kilogramos, con un cuerpo bien constitui-do. Me metí al mundo del físico-culturismo y mi cuerpo continuó cambiando. Lo que es igual de importante, mi autoestima comenzó a crecer. Comencé a aplicarme más y me volví más exitoso en mi carrera. Atraje un nuevo círculo de amigos e incluso tuve algunas citas de vez en cuando.

Pero sucedía algo curioso —aún sentía cierto vació en mi interior, como si algo me faltara. Estaba en una cita y de repente pensaba: «Si ella supiera quién soy en realidad, no me daría ni la hora». Pensaba lo mismo cuando estaba con mis nuevos amigos: «Si realmente me conocieran, no querrían tener nada que ver conmigo». A pesar de que lucía muy bien, tenía nuevos amigos, salía en citas y era exitoso en mi trabajo, en mi interior aún estaba huyendo del chico de 68 kilogramos que yo creía ser por dentro.

Comencé a entrenar dos veces al día por dos horas, para alejarme aún más rápido del debilucho de 68 kilogramos. Toda mi energía se con-centraba en cultivar mi cuerpo. Todo lo que comía, bebía, hacía, creía y pensaba estaba diseñado para hacerme un mejor físico-culturista. Me iba muy bien en las competencias; pero eso nunca era suficiente. Entonces llegó el momento en el que mi cuerpo dejó de responder a todos los entrenamientos, y tomé una decisión. Comencé a inyectarme con peligrosas dosis de esteroides anabólicos. Y continué creciendo.

## MI MUNDO SE PONE DE CABEZA

Entonces, en marzo de 1988, sucedió algo que cambió mi vida para siempre. Justamente ese día, había comprado una motocicleta nueva. Recuerdo que pensé que con ella atraería más la atención y me vería más agradable. Monté mi motocicleta aquella noche y conduje al centro de Kansas City, Missouri. Justo cuando me estaba inclinando hacia una curva pronunciada a la derecha, vi unos faros que venían hacia mí.

Me desperté en la sala de urgencias con un dolor insoportable. Cada hueso de mi antebrazo izquierdo estaba hecho añicos, tenía dos discos herniados en la parte baja de la espalda y mis dos rodillas estaban destrozadas. Después me dijeron que el sonido de la colisión había despertado gente que se encontraba a una cuadra de distancia. Durante las seis semanas siguientes, estuve en la unidad de cuidados intensivos. Rápidamente pasé de ser un tipo fuerte de 104 kilogramos a un pobre, asustadizo e inseguro ser humano con 77 kilogramos.

Los médicos me dijeron que nunca volvería a ser el mismo. Me dijeron que nunca más sería capaz de levantar pesas estando recostado en un banco, porque mi brazo no soportaría el peso. No podría ejercitar mis piernas porque mis rodillas estaban destruidas. Nunca más podría tener el físico que yo creía me había hecho lo que era. Puede que suene absurdo pero, en ese momento, sinceramente creía que yo era mi físico.

Me sumí en la más profunda depresión que puedas imaginar. Pasé los siguientes seis meses incapacitado, tirado en el sofá y sintiendo pena por mí mismo. Una mañana estaba tirado en el sofá viendo TV —sólo que en realidad no estaba mirando— y un pensamiento vino a mi mente. El pensamiento fue: «¿Eres diferente en tu interior con este cuerpo que cuando tenías cuerpo de físico-culturista? ¿Acaso son diferentes tus valores, tus metas y tus sueños? ¿Eres en realidad una persona diferente?»

En ese momento, algo cambio. Pude darme cuenta que era la misma persona que siempre había sido, con el mismo carácter y los mismos valores, metas y sueños. Comencé a despertar y ver quién era realmente, y me prometí a mí mismo que nunca más negaría esta realidad; nunca más me pondría en la posición de definirme a mí mismo por factores externos.

Comencé a leer, a explorar realmente lo que somos lo seres humanos. Comencé a obtener mayor claridad acerca de quién era realmente. Leí cientos de libros de psicología, desarrollo personal, filosofía, física cuántica y religión. Empecé a pensar en forma diferente y mis resultados comenzaron a cambiar. Me sentí mejor conmigo mismo y me desempeñé mejor en todas las áreas de mi vida —en mi carrera, mis relaciones, mi vida interna, todo. Fui a seminarios, escuché cintas y amasé una gran cantidad de información nueva. Conseguí varios ascensos en mi trabajo y llegué a ser un directivo de nivel medio-alto en una de las compañías Fortune 500. Comencé a percibir un salario muy atractivo y a atraer nuevos amigos que me querían y me apoyaban. Ellos me ayudaron a crecer.

Siendo un directivo de nivel medio-alto en AT&T, renuncié para iniciar mi propia compañía. Fue un reto para mí y tenía temor; pero lo hice de todos modos y en el primer año mis ingresos se triplicaron. ¡No lo podía creer!

¿Qué había sucedido? Había recordado quién era. Esa fue la clave de todo. Recordé que yo no era mi cuerpo. Me di cuenta que yo no era mis ingresos o las cosas que había acumulado; que era mucho más que esas cosas. Y dediqué mi vida a averiguar más y más acerca de quiénes somos en realidad. Deseaba saber no sólo quiénes somos, sino también cómo podíamos vivir y disfrutar la vida al máximo. ¿Cómo es que cada uno de nosotros en esta Tierra puede sacar el máximo provecho de nuestras vidas? ¿Cómo podemos triunfar en cualquier actividad que emprendamos de modo que nos sintamos bien con nosotros mismos y con los demás? ¿Cómo podemos llegar a ser lo mejor que podamos ser y triunfar en cualquier cosa que hagamos?

LA RESPUESTA

Después de décadas de investigación y trabajo con miles de personas para maximizar su potencial, he aquí el punto esencial: Vivimos en un universo ordenado que está gobernado por leyes claras y definidas. Cada vez que alcanzamos el éxito, lo hacemos porque vivimos en alineación con estas leyes. Cuando no alcanzamos el éxito, es porque no estamos alineados con estas leyes. Es así de simple.

La Ciencia del Éxito presenta estas leyes en una forma sistemática y fácil de entender. Da los principios para ayudarte a aplicar estas leyes en tu vida. Todo en la Ciencia del Éxito está diseñado para poner el poder secreto de las leyes en tus manos para que puedas vivir la vida que sueñas vivir.

Puede haber ocasiones cuando no entiendas exactamente cómo funciona la Ciencia del Éxito, al igual que en muchas ocasiones puede que no entiendas cómo funciona la electricidad. No tienes que entender cómo funciona la electricidad para activar el interruptor y encender la luz. Te prometo que si estudias y aplicas los principios en este libro, «activarás el interruptor» y serás exitoso.

Descubrir quién soy y cómo se crea el éxito ha marcado la diferencia en mi vida. Me ha permitido despertarme cada mañana con gozo. Tengo las relaciones, el trabajo, la casa y la vida de mis sueños porque vivo en armonía con las leyes universales.

Mi deseo para ti y el propósito de este libro es que tengas lo mismo. Dios te bendiga.

# LA CIENCIA DEL ÉXITO

«El éxito es la realización progresiva
de un ideal digno.»
EARL NIGHTINGALE

TÚ MERECES INVOLUCRARTE APASIONADAMENTE en la vida y el trabajo de tus sueños y ser exitoso en todo lo que haces.

Este libro presenta las Súper-Leyes y los Principios de Poder universales que hacen del éxito algo inevitable, para que decidas conscientemente tener éxito en tu profesión, tus relaciones, tus finanzas, tu espiritualidad o cualquier otra cosa que decidas emprender. Cuando tu pasión personal se entreteje con este programa científico para el éxito, tus sueños se transforman en realidad *cada vez que lo haces.*

El tema del éxito ha fascinado a la gente por siglos, quizás desde siempre. Desgraciadamente, la mayoría de las personas no se sienten completamente exitosas en sus vidas y sólo unos pocos alcanzan en realidad el éxito del que son capaces. Los estudios y mi propia experiencia me han mostrado que cuando la gente no alcanza el éxito consistentemente, no es porque no sean inteligentes o porque no trabajen duro o porque no tengan suerte. Es porque sencillamente no entienden cómo funciona el éxito. No entienden las Súper-Leyes y los Principios de Poder específicos que activan el éxito.

## LO QUE TE APORTA ESTE LIBRO

He pasado toda mi vida adulta explorando por qué algunas personas alcanzan el éxito y otras no. Me ha cautivado el compromiso inquebrantable de Mahatma Gandhi, la visión y pasión de Martin Luther King, el sentido de ciencia y espíritu de Albert Einstein y la disposición de Napoleón Hill para dar a conocer los secretos de cómo forjar riqueza a cualquiera que leyera su libro *Piense y hágase rico*.

He estudiado a estas personas y a otros cientos que fueron extraordinariamente exitosos en sus áreas personales, profesionales, financieras y espirituales. He estudiado la literatura y pensamiento más importante sobre el tema y he visto cómo estas personas aplicaron las Súper-Leyes y Principios de Poder para alcanzar el éxito, mientras que otras personas brillantes, comprometidas o apasionadas no lo hicieron. De estos estudios y mi propia experiencia, he sintetizado la fórmula que lleva a las personas a alcanzar el éxito.

No importa en qué posición te encuentres hoy, este libro está diseñado para llevarte al siguiente nivel de satisfacción y realización. El éxito es tu derecho inalienable. Con la información en este libro, el éxito está al alcance de tus manos. «Descifrarás el código» para alcanzar el éxito y aprenderás a crear exactamente el futuro que quieres de una manera sistemática y emocionante.

La Ciencia del Éxito te ayudará a descubrir el impresionante poder que existe en tu interior, y te mostrará cómo liberar tu potencial para alcanzar un éxito mucho más grande de lo alguna vez te pudiste haber imaginado. No sólo es posible que logres el nivel de éxito que quieres; te garantizo que lo harás si entiendes y aplicas las Súper-Leyes y Principios de Poder universales.

## ¿QUÉ ES LA CIENCIA DEL ÉXITO?

Algunas personas piensan que el éxito se debe a suerte, educación o trabajo duro. La realidad es totalmente distinta. La suerte puede ayudar, y la educación y el trabajo duro ciertamente ayudan; pero estos factores juegan un papel relativamente pequeño en el éxito. Con seguridad conoces gente que trabaja muy duro o que posee una muy buena educación o simplemente tiene suerte, pero que no son muy exitosos.

El éxito nunca se consigue por casualidad, educación o trabajo duro solamente. El éxito es una ciencia. Vivimos en un sistema ordenado que opera de acuerdo a leyes claras, específicas y predecibles. Todo en nuestro universo está organizado y es gobernado por estas leyes —desde la más pequeña vibración de energía, las mareas del océano, la totalidad del cosmos y hasta tu éxito personal. Si te alineas con estas leyes inevitablemente vas a alcanzar el éxito en cada ocasión.

Ciencia, de acuerdo con el diccionario Webster del Nuevo Léxico, es «conocimiento adquirido por observación detenida, por deducción de las leyes que gobiernan los cambios y condiciones, y por la comprobación de estas deducciones por experimento».

Eso es exactamente lo que he hecho. He observado gente exitosa y lo que hacen. He deducido las siete Súper-Leyes que gobiernan el comportamiento y éxito de estas personas. He probado las Súper-Leyes y los Principios de Poder que las desbloquean, en mi propia vida. He comprobado que funcionan para miles de personas y organizaciones que he orientado en desarrollo personal y organizacional.

Vamos a presentar las siete Súper-Leyes en el próximo capítulo. A su vez, los siete Principios de Poder, son el tema de los siete capítulos subsiguientes. Éstos son:

- El poder del Entendimiento
- El poder de los Paradigmas
- El poder de la Visión
- El poder de las Asociaciones
- El poder de Dar
- El poder de la Gratitud
- El poder de Asumir Responsabilidad

Estos no son mis principios ni mis leyes. Lo único que he hecho es ponerlos en un formato en que se pueden entender fácilmente. Observa cómo se relacionan entre sí y úsalos en tu vida diaria.

Siempre que has tenido éxito en cualquier área de tu vida —desde tu infancia hasta el momento actual— es porque has vivido y actuado de acuerdo con estas poderosas leyes. Cuando no has tenido éxito, no has vivido y actuado alineado con estas leyes; es así de simple. Si deseas más dinero, tener mejores relaciones, ser más saludable o alcanzar sus metas, debes entender estas leyes.

Además de ser universales, estas leyes son holísticas. Si sabes cómo usarlas en un área de tu vida, entonces puedes usarlas para ser exitoso en todas las demás áreas. No serás como la persona que es exitosa en las finanzas, pero no es muy saludable o feliz; o la persona que tiene relaciones estupendas, pero no puede pagar su renta; o la persona que gana mucho dinero pero luego lo pierde. Dominar las leyes te proporciona éxito en todas las áreas y te permite repetirlo una y otra vez.

Las leyes universales operan todo el tiempo —ya sea que las conozcas o no, o si te parecen justas o no. Puede que no sea justo que un niño se caiga cuando está aprendiendo a caminar, pero la ley de la gravedad funciona día y noche, ya sea que el niño duerma o esté tratando de dar sus primeros pasos y entienda o no la ley. Es lo mismo con las Súper-Leyes. Éstas operan en tu vida ya sea que las conozcas y las uses conscientemente o no; así que mejor toma control de éstas y ponlas a trabajar para ti para dirigir tu carrera, tus relaciones, tu salud, tu espiritualidad y tus finanzas en la dirección que quieres.

La Ciencia del Éxito combina las Súper-Leyes universales con los siete Principios de Poder de acción para crear el Poder de los Siete. Si entiendes las Súper-Leyes y usas los Principios de Poder, tendrás todos los recursos que necesitas para crear la vida que quieres. Tú tienes el poder para escoger tu vida y tu futuro.

Mucha gente cree que el éxito es una consecuencia o resultado específico, un destino al que ha de llegar algún día. Puede que definan el éxito como una cierta cantidad de dinero en el banco, un cierto auto o casa, un trabajo específico, un título o una relación en particular. Estas cosas pueden ser parte de tu éxito —metas que obtienes a lo largo del camino—, pero no son, en sí mismas, el éxito.

El éxito es más que la realización de una meta —o incluso varias metas. Las metas son vitales para crecer y para la vida, y son una forma importante de medir tu progreso; pero las metas no son «el éxito». Obtener ese auto nuevo, o esa casa o ese trabajo no significa que has obtenido el éxito. Estas metas son escalones en el proceso —los medios para un fin—, mas no son el fin mismo.

El éxito no es un destino específico, es una dirección que tú escoges. Es un proceso; es un viaje que nunca termina. Es tu progreso constante hacia tu propósito más alto, tu visión y la vida de tus sueños en todas las áreas. Sé de mucha gente que es muy exitosa en su vida financiera, mas no están felices o satisfechos. No son realmente exitosos. Otras personas tienen grandes relaciones; pero no han sido exitosos financieramente. Ninguna de estas personas es realmente exitosa.

El autor y filósofo Earl Nightingale dice que el éxito es «la realización progresiva de un ideal digno». Esto significa que es una revelación constante de la consciencia, un crecimiento continuo de la sabiduría.

Ya que el éxito es una dirección que tú escoges, es crucial que sepas dos cosas:

1. Necesitas saber lo que realmente quieres de la vida, en tu alma y corazón.
2. Necesitas saber que esta es tu dirección, que tú has escogido.

Al principio de mi carrera, trabajaba para AT&T. Estaba absolutamente convencido que mi título en mi trabajo definía mi nivel de éxito. Estaba obsesionado por subir la escalera corporativa cargo tras cargo, y sacrifiqué mucho de mi tiempo personal y de mis relaciones para alcanzar mis metas. Con el tiempo, recibí una prestigiosa promoción y fui trasladado desde mi ciudad natal en Tulsa, Oklahoma a Parsippany, Nueva Jersey. Pasé de ser un pez gordo en un estanque pequeño a un pececillo de agua dulce en el océano.

Mi «gran promoción y título» me dejaron parado frente a la máquina copiadora para hacer mis propias copias, junto con toda la gente que tenía títulos similares al mío. Mi costo de vida se duplicó, la gente no era tan amistosa como en Tulsa y mi vida social cambio drásticamente. Así que la manera en que la gente a mi alrededor y yo definíamos el éxito realmente no sentaba muy bien conmigo. No me hizo feliz.

Tú eres la única persona que puede definir tu propio éxito. Asegúrate de escoger tu propia dirección, en lugar de perseguir las metas que la sociedad u otra gente te dicen que «deberías» querer. Si no lo haces, te puedes encontrar a ti mismo en la cima de la escalera; pero con la escalera inclinada sobre la pared equivocada.

EL ÉXITO PROVIENE DEL INTERIOR, NO DEL EXTERIOR

El éxito proviene de tu interior. Algunas personas dicen que el nivel de éxito en la vida es determinado por las circunstancias, habilidades, factores ambientales u oportunidades. El éxito puede ser influenciado por estos factores externos o ambientales, mas no es determinado o causado por éstos.

No tiene mucha importancia el vecindario en donde creciste, cuánto dinero tienes actualmente en tu cuenta de banco, si te gusta o no el trabajo que tienes hoy o si te sientes limitado de alguna manera. No importa cómo te trataron o no te trataron tus padres. No importa si tienes ochenta años o doce, si tienes un doctorado o nunca terminaste la escuela primaria. No importa qué trabajo realizas actualmente, si tus relaciones están al borde de una crisis o son fenomenales. La historia prueba que cientos de individuos en circunstancias menos que perfectas han llegado a ser muy exitosos, a pesar de las que parecían ser condiciones insuperables.

Walt Disney es un gran ejemplo. Una vez fue despedido de un trabajo por no tener suficiente creatividad y fue a la quiebra seis veces antes de crear Disneylandia.

George Lucas estaba tan arruinado al terminar *La guerra de las galaxias (Star Wars)* que ni siquiera se pudo producir un afiche para el lanzamiento de la película. Cerca del final de la película, cuando estaban grabando la escena en la que cientos de personas daban la bienvenida a casa a los héroes después de la batalla, ya casi no tenían dinero para contratar extras. Resolvieron el problema filmando las pocas personas que pudieron contratar, moviéndose alrededor de un gran salón. Luego detuvieron la cámara y reubicaron a estas mismas personas en una sección distinta y reanudaron la filmación. Repitieron este proceso cinco veces y después mezclaron las secuencias. De esta manera y con unas pocas personas moviéndose en distintas secciones del salón, crearon la ilusión de cientos de extras y un salón lleno de gente.

Para cuando terminó la filmación, George Lucas estaba realmente endeudado, mas nunca dudó de su visión y su sueño. Le pidió al estudio que consideraran negociarle los derechos de los juguetes y otros productos de *La guerra de las galaxias* de forma que él pudiese recuperar su deuda, y ellos accedieron. Durante los siguientes veinte años, las compañías de Lucas han vendido más de mil quinientos millones de dólares en juguetes de *La guerra de las galaxias*.

Con las ganancias de los juguetes, él construyó uno de los mejores estudios de efectos especiales en el mundo, Industrial Light and Magic, y re-grabó su trilogía de *La guerra de las galaxias* exactamente en la forma que lo había planeado desde el principio. Las nuevas películas tuvieron una acogida impresionante e introdujeron *La guerra de las galaxias* a una nueva generación de admiradores. Fue la película número uno en su primera versión y en su re-estreno. En medio de todas las adversidades, Lucas creyó en su visión, y triunfó incluso más allá de lo nunca se imaginó.

## EL PASADO NO ES EL FUTURO

Mucha gente se desalienta cuando ve lo que ha sucedido en sus vidas hasta ese momento. Dicen: «Creo que no nací para ser exitoso. Nunca he logrado que nada funcione en mi vida.»

Cada individuo exitoso sabe que, en lo que se refiere al éxito, el pasado no dicta el futuro. Si miras tus resultados actuales para definir quién eres y cuán exitoso puedes ser, puede que te desanimes e incluso limites tu éxito futuro. Es como conducir al trabajo y tratar de determinar dónde dar la vuelta mientras miras por tu espejo retrovisor en lugar de ver el camino que está al frente. No produce buenos resultados.

Tu situación actual es el resultado directo de tus pensamientos, decisiones y acciones pasadas. Si miras tu situación actual y tomas decisiones acerca de quién eres y lo que puedes tener, basado en esos resultados, entonces estás repitiendo los mismos pensamientos, decisiones y quizá incluso hasta las mismas acciones que te tienen donde estás hoy. De esa manera estás garantizando que obtendrás exactamente los mismos resultados y terminarás con más de lo mismo que tienes hoy.

Por ejemplo, puede que estés ganando $25,000 y decidas, basado en eso: «Bien, yo soy el tipo de persona que gana $25,000.» Si tomas esa decisión, es muy poco probable que puedas incrementar tu salario en los años venideros. Puede que con el tiempo llegues a $30,000 o incluso $40,000; pero probablemente nunca superarás la barrera de las seis cifras hasta que te deshagas de la decisión de que eres el tipo de persona que sólo gana $25,000 al año. Tus pensamientos, decisiones y acciones pasadas crearon esa condición; pero esos pensamientos, decisiones y acciones no tienen absolutamente nada que ver con el futuro. Si continúas con los mismos pensamientos y haces las mismas cosas, entonces obtendrás los mismos resultados. Pero no tienes por qué pensar o hacer las mismas cosas.

Cuando cambias tu manera de pensar, cambias tus resultados. Si entiendes este principio, puedes cambiar tu vida. Es una nueva manera de pensar para la mayoría de nosotros; pero el verdadero éxito comienza cuando te alejas de las cosas que no quieres y comienzas a enfocarse en lo que sí quieres.



La mayoría de la gente no obtiene lo que quiere en la vida porque no sabe lo que quiere. Pueden tener una idea vaga, pero no pueden articular claramente lo que significa para ellos el éxito verdadero.

De hecho, cuando le pregunto a la gente qué es lo quiere, nueve de cada diez veces me dice lo que no quiere. Dicen cosas como:

- «Bien, ya no quiero estar sin dinero.»
- «No quiero fallar en mi cuota.»
- «No quiero trabajar para la persona que trabajo hoy.»
- «No quiero discutir con mi esposa.»
- «No quiero más deudas en mi tarjeta de crédito.»

Estas son muy buenas respuestas a la pregunta: «¿Qué es lo que no quieres?»; pero yo les pregunté: «¿Qué es lo que sí quieres?».

Hay una gran diferencia entre saber qué es lo que no quieres y saber lo que quieres. Esa distinción va a ser clave para tu éxito.

Si estás pensando en lo que no quieres, eso es lo que va a aparecer en tu vida. Lo que pensamos, es lo que creamos. Así que si piensas consistentemente acerca de lo que no quieres, eso es precisamente lo que vas a manifestar en tu mundo.

Esto sucede porque la mente no puede procesar negativos. Si le dices: «No duraznos», recibe «duraznos». Si le dices: «No pobre», recibe «pobre».

Considéralo. Si te pido que no pienses en un helado con fruta, crema y almíbar, ¿qué pasa? Inténtalo ahora. No pienses en un helado con almíbar. No pienses acerca del helado, o del pegajoso y suculento almíbar. No pienses en la fruta o crema. ¿Qué pasa? Si eres como la mayoría de la gente, tuviste que crear en tu mente una imagen del helado, para tratar de no pensar en ella. Probablemente la imagen más clara en tu mente mientras leías este párrafo fue la de un helado con fruta, crema y almíbar.

Si te digo: «No rojo», tu mente se enfoca en «rojo». Si digo: «No escasez», se enfoca en «escasez». Puede que estés ayudando a la caída de alguien cuando le dices: «¡No derrames la leche!» o «¡No te resbales en el hielo!» Lo que su mente recibe es: «¡Derrama la leche!» y «¡Resbala en el hielo!» En lo que nos enfocamos, atraemos.

Además, lo que «no quieres» puede ser muy inexacto. Una vez trabajé con un cliente que me dijo que no quería «tener deudas». Me lo dijo tres veces. Cada vez que le pregunté lo que él quería, me dijo lo que no quería. Finalmente le dije: «Hay tres tipos que viven en la playa cerca de mi casa y que no tienen deudas. No tienen autos, ni casas, ni departamentos, ni ropas para cambiarse, y algunas veces ni siquiera tienen suficiente comida —pero no tienen deudas. ¿Es eso lo que quieres?»

«Bueno, no» me dijo. Trabajé con él por algún tiempo y se dio cuenta que en realidad lo que quería era «libertad financiera».

Si cambias el hábito de pensar acerca de lo que no quieres y comienzas a pensar en lo sí quieres, entonces te puedo decir cómo obtenerlo. Si puedes decirme «quiero libertad financiera», en lugar de «no deseo estar más en la quiebra» o «no deseo ninguna deuda», entonces puedo mostrarte cómo encaminarte hacia esa meta.

Otra cosa que las personas responden a mi pregunta de ¿Qué es lo que quieres? es no decirme lo que ellos quieren, sino lo que piensan que pueden obtener. Esto puede limitar tus resultados por dos razones. Primero, puedes fijar tu propio estándar demasiado bajo y poner en movimiento un patrón de pensamientos negativos. Segundo, puede que no sea lo que realmente quieres, por lo tanto ¡no hay pasión en el sueño!

El espíritu humano no invierte en mediocridad y tú necesitas ese espíritu humano para obtener lo que quieres. ¡Tu meta debe ser tan emocionante que te haga sentir mariposas revoloteando en tu estómago! Esa es la forma en la que liberas el poder de tu mente y lo pones a trabajar para ti.

## HACER CIERTAS COSAS DE CIERTA MANERA

Si recuerdas las veces en tu vida cuando has sido realmente exitoso —ya sea en los negocios, en las finanzas, en las relaciones, en la salud, en lo emocional o en lo espiritual—, te darás cuenta que hiciste las cosas de una cierta manera.

Si eres como la mayoría de las personas, ¡puede que ni siquiera sepas qué fue lo que hiciste que funcionó tan bien! Con frecuencia no estamos conscientes de cuando estamos «en la zona». Simplemente sucede. Antes de entender la Ciencia del Éxito, grandes «victorias» simplemente caían en mis manos, y no tenía idea de dónde venían o qué las había causado. Eso significaba que no podía repetirlas conscientemente. Tenía que sentarme a esperar a «tener suerte» una vez más.

Una vez escuché la anécdota de un gran actor, Sir Lawrence Olivier. Estaba representando el papel de Hamlet en Broadway y una noche en particular dio una actuación tan extraordinaria que la audiencia estaba fascinada. Cuando pronunció su último verso y bajó el telón, la audiencia aplaudió tan emotivamente que él tuvo diez telones. Un amigo de Olivier que estaba en la audiencia esa noche, le pidió al director de escenario que le informara que él estaba ahí y que deseaba felicitarlo. El director de escenario fue al camerino de Olivier y lo encontró enfurecido. El gran actor estaba pateando una silla, daba vueltas y había lanzado al piso un estante lleno de botellas. Consternado, el director de escenario le preguntó: «¿Cuál es el problema? ¡Has tenido la actuación más extraordinaria de tu carrera!» Olivier se giró.

—Sé que estuve fabuloso —gritó, aún enfurecido. —¡Pero no sé por qué!

Esa es la situación en la que nos encontramos la mayoría de nosotros. Aun cuando alcanzamos el éxito, no estamos seguros del porqué. No sabemos cómo lo hicimos y, por lo tanto, no somos capaces de repetirlo. No sabemos cuál fue la fórmula y no tenemos idea de si seremos capaces de alcanzar ese éxito otra vez. Y algunas veces no lo repetimos, o perdemos el bien que nos ha traído o somos exitosos en un área de la vida y no en las demás. Por ejemplo, puede que manifestemos grandes éxitos financieros, pero no tengamos mucha abundancia en nuestra salud o nuestras relaciones. O puede que gocemos de una salud radiante o de relaciones maravillosas, mas no estemos satisfechos con nuestros ingresos.

Sólo podemos ser exitosos consistentemente cuando entendemos qué causa el éxito y podemos repetir esos patrones de pensamiento y actuación a nuestra voluntad. Es como tener la combinación de una caja fuerte —todos los números y los giros. Si lo haces correctamente, la caja siempre se abrirá.

Este libro te mostrará esa combinación pieza por pieza, de manera que entiendas cada número y cada giro antes de pasar al siguiente. Cuando emplees la fórmula acertadamente, solamente puede haber un resultado: La caja se abre; tú logras el éxito.

## LA SABIDURÍA ES MEJOR QUE EL CONOCIMIENTO

Se dice que «el conocimiento es poder» o que «la información es poder». Estas afirmaciones no son completamente verdaderas.

Nuestro mundo está lleno de conocimiento. Entre la internet y todas las demás tecnologías modernas de la comunicación, la información que tenemos disponible se duplica aproximadamente cada 2.5 años. Sin embargo, la gente no se siente muy poderosa en el mundo o incluso en sus propias vidas.

No sólo eso, pero la gente con la mayoría del conocimiento y la información no son siempre los más poderosos o exitosos. La información no es poder; es nada más que datos desorganizados. El conocimiento no es más que información organizada. Ninguno de éstos nos da verdadero poder o verdadero éxito. Para ser exitosos hoy, necesitamos más que información o conocimiento. Necesitamos sabiduría.

La gente que es realmente exitosa es sabia. ¡La sabiduría es el verdadero poder! Yo defino sabiduría como «información y conocimiento organizados, alineados y utilizados de acuerdo con las leyes y principios universales». Siempre que actuamos de una manera organizada, alineada y de acuerdo con las leyes universales, actuamos sabiamente.

La sabiduría implica cómo pensar, en lugar de qué pensar. La gente que es realmente sabia sabe cómo recolectar conocimiento pertinente a un tema y luego escucha y aplica el poder de su intuición. Se dan cuenta que la «pequeña y serena voz» dentro de nosotros es nuestro ser superior pidiendo ser manifestado. La educación tradicional no siempre nos enseña a usar nuestra intuición y emociones. Aprendemos a leer, recordar y repetir, mas no siempre aprendemos a pensar por nosotros mismos. Nos enseñan a operar más con nuestra memoria y menos con nuestra imaginación. Albert Einstein dijo: «La imaginación es más importante que el conocimiento».

Cuando combinamos la información, el conocimiento y la experiencia con nuestra intuición, descubrimos nuestra propia sabiduría —una verdad personal que sintetiza la cabeza y el corazón, y nos pone en contacto con nuestro ser superior. En este nivel de sabiduría, entendemos que hay una realidad mayor que nuestro mundo físico. Cada cultura y sociedad ha reconocido algún tipo de verdad superior no vista, un propósito superior y un poder superior. Se le han dado distintos nombres, pero el reconocimiento de esta presencia superior es universal. Incluso la física cuántica nos dice que hay más en la vida que lo que nuestros ojos pueden ver.

Como especie, los seres humanos nos estamos volviendo cada vez más sabios. En la medida en que comencemos a tocar, entender y trabajar con esta esfera no vista, la sabiduría se vuelve más importante que nunca. De hecho se convierte en la llave para todo éxito y grandeza.

### SER DIGNO

Aun cuando las personas saben lo que desean y actúan con sabiduría, no siempre obtienen lo que quieren. Por lo general, esto sucede porque no sienten que lo merecen. Para hacer uso pleno de la Ciencia del Éxito, debemos eliminar todo pensamiento de falta de mérito.

Todos somos dignos de nuestro mejor bien. Cuando nos olvidamos de esta verdad, limitamos nuestro éxito; o alcanzamos el éxito una vez, pero no nos permitimos repetirlo.

Mucha gente escudriña sus corazones y encuentra visiones gloriosas —ser un cónyuge amoroso, ser un empresario exitoso, un líder inspirador, un gran contribuyente a la humanidad—, pero dejan que estos dignos ideales se queden por el camino debido a pensamientos limitantes como: «no soy lo suficientemente listo», «no tengo lo que se necesita», «sólo las personas malas se vuelven ricas», «no valgo lo suficiente», o «no lo merezco». Simplemente no se permiten a sí mismos creer que son lo suficientemente dignos de todo el bien que desean.

Tú eres el único que puede trascender este tipo de creencias limitantes y recobrar un profundo sentido de dignidad dentro de ti mismo. A fin de «pensar dignamente» y «actuar dignamente» debes «sentirte digno» y «ser digno». He aquí algunos pensamientos que te pueden ayudar a adoptar este estado de ánimo.

La mayoría de las obras de religión, ciencia, filosofía y metafísica nos enseñan que somos creación de Dios. Si provenimos de Dios, debemos ser parte de Dios. Si no te gusta la palabra Dios substitúyela por energía, mente universal o consciencia. No importa cómo le llames. Si tú y yo provenimos de Dios, o energía, o conciencia, entonces debemos ser parte de ese Dios, energía o conciencia. Y simplemente por esta razón, somos dignos del bien que deseamos.

Considera por un momento el milagro que eres. Con sólo un pensamiento, puedes controlar algo tan complejo como levantar tu brazo. Se necesita que los 157 músculos entre el codo y la muñeca trabajen en perfecta armonía para que tu deseo se cumpla. Los estudios han mostrado que cada uno de nosotros tiene suficiente energía en nuestros cuerpos para alumbrar toda Norteamérica por una semana. Si conviertes eso a kilovatios hora, tú vales literalmente miles de millones de dólares.

Una vez que te das cuenta que eres digno del bien que deseas, puedes desarrollar una visión personal que sea digna de ti. Me gusta considerar esta visión personal como «tu ideal digno». Es tu visión de cómo se vería tu vida si fuera exactamente en la forma en que quieres que sea. En el transcurso de este libro, crearás ese ideal digno y te enamorarás de éste. Aprenderás a sumarle mucha emoción y pasión, de manera que se realice natural y orgánicamente. Tu ideal digno se convierte en la base de todos tus esfuerzos, algo bello y magnífico que te impulsa y te magnetiza hacia tu éxito.

Mi visión personal es llevar la Ciencia del Éxito a cada país del mundo, y ver a la gente poner en práctica estos conceptos cada día en sus vidas. Ésta es una visión digna y yo soy digno de ella. Es una causa que es más grande que yo y por eso me impulsa continuamente. Estoy apasionadamente enamorado de esta causa y esta visión. Ésta es la clase de visión que tú crearás —una que toque tu corazón, encienda tu pasión y mueva tu espíritu.

Tus deseos son Dios, energía, consciencia o Inteligencia Suprema deseando expresar su grandeza a través de ti. Por eso Jesús dijo: «Es el placer de tu padre concederte el reino.»

Hace poco recibí un correo electrónico de Kata, quien había estado trabajando con el programa de la Ciencia del Éxito por algunos meses. Su educación tradicional le había enseñado que el éxito material, financiero o en los negocios era algo malo —incluso pecaminoso. Ella aprendió las Súper-Leyes y comenzó a aplicar los Principios de Poder. Lo que es más importante, ella reconoció lo siguiente y me escribió: «Dios realmente quiere que yo tenga toda la bondad que mi corazón desea y que brinda la vida.» Su negocio se duplicó en menos de seis meses. Sus resultados financieros son los mejores en su región, se siente mejor físicamente, la comunicación con su familia ha mejorado y se siente más conectada con Dios y con ella misma.

El regalo más grande de Dios para ti es tu potencial ilimitado. Tu regalo más grande para Dios es usar ese potencial al máximo. Si tienes un deseo, tienes la habilidad para obtener ese deseo. Nuestras más altas intenciones vienen de nuestro Dios interior y ese mismo Dios interior nunca carece de los medios para llevarlas a cabo.

UN PROPÓSITO DIGNO

Sentirse digno y tener un propósito digno se alimentan mutuamente. Así como debemos sentirnos dignos para tener un propósito digno, debemos tener un propósito digno para sentirnos dignos. Es grandioso tener una casa nueva, un auto nuevo u otras posesiones materiales, pero estas cosas ¿realmente encienden tu corazón? Todos merecemos estar confortables y tener cosas buenas; pero lo que realmente nos alimenta es tener un gran propósito en la vida —algo más grande que nosotros mismos a lo cual podamos aspirar y dedicar nuestras energías.

El propósito de todo en la vida —desde las plantas hasta las personas— es crecer, avanzar, expandirse y desarrollarse. Tenemos el derecho inalienable de alcanzar los niveles más altos de desarrollo que podamos obtener. Todos tenemos un deseo ardiente de experimentar al máximo nuestra grandeza y capacidades. Algunas veces ese deseo es más fuerte y evidente; pero el anhelo de ser y hacer tanto como sea posible vive dentro de nosotros. Es importante definir y enfocarse en este propósito por dos razones: Mantiene vivo nuestro deseo y nos hace sentir dignos del bien que deseamos.

Una compañía de seguros me contrató en una ocasión para crear una nueva cultura corporativa. Mi colega, Ken, notó que una de las funcionarias de reclamaciones llamada Sally, dejaba de trabajar a las 4:30 p.m. Escribía su lista de «quehaceres» para el día siguiente, ponía en orden su escritorio y finalmente marcaba su tarjeta de salida a las 5:00 p.m. Ken se acercó a ella un día y le preguntó:

—¿Por qué terminó de trabajar ayer a las 4:30 p.m. pero marcó su hora de salida a las 5:00 p.m.?

—No nos dejan salir antes de las 5:00 p.m. —contestó ella.

—Lo que quise decir es, ¿por qué no continuó trabajando hasta las 5:00? Aún había siete reclamos más por procesar en su escritorio.

Ella lo miró directamente a los ojos y respondió:

—Ahí van a estar mañana.

Después de un momento de desconcierto, Ken le preguntó:

—¿Cuál es el propósito de la compañía?

—Hasta donde yo entiendo, es hacer dinero.

Entonces Ken le preguntó si la compañía tenía una declaración formal de su propósito.

—Creo que hay una colgada en la pared; pero nadie le presta mucha atención —dijo ella.

Finalmente él hizo la pregunta obvia: «¿La motiva?» Ella lo miró con incredulidad.

—Está bromeando, ¿verdad? —preguntó ella.

La declaración de su misión decía: Nuestra misión es maximizar la tasa de rendimiento para nuestros accionistas. Después de trabajar con la organización por dieciocho meses, uno de los muchos cambios fue una nueva declaración de su propósito, que dice: El propósito de nuestra compañía es reducir la dificultad financiera y el sufrimiento humano. En la medida en que hagamos esto, prosperaremos.

Ken regresó después de dieciocho meses y vio a la misma funcionaria dejar su escritorio a las 4:35 p.m. Al principio se sintió decepcionado. Luego notó que ella fue y marcó su tarjeta de salida y luego regresó a su escritorio y finalizó cinco reclamaciones más antes de salir. A la mañana siguiente Ken le preguntó por qué había trabajado tiempo extra sin pago.

—Nuestra compañía está tratando de reducir los gastos —contestó ella. —Tenía que terminar cinco reclamaciones más ese día.

—¿Acaso no iban a estar ahí a la mañana siguiente? —preguntó él.

—Ah, pero no pueden esperar —dijo ella. —Hubo un tornado en Oklahoma. Esa pobre gente perdió sus casas. Si no les entrego su dinero, no tendrán un lugar donde vivir.

Un propósito siempre es más convincente que una meta. Cuando tienes en mente tu propósito mayor, siempre seleccionarás un ideal que es digno de ti.

MÉRITO FINANCIERO

En mi trabajo, me encuentro con mucha gente que entiende el ser digno de la abundancia, excepto cuando se trata de un área: el dinero. Normalmente no dicen que no se sienten dignos en el área de las finanzas. Más bien, dicen que están «satisfechos con la vida tal cual es», o que «realmente no quieren más de lo que ya tienen».

Mi experiencia de trabajar con miles de personas es que estos sentimientos son muy pasajeros. Puede que no quieran nada más hoy, pero lo querrán mañana o el día siguiente.

Nuestro propósito es tener toda la belleza, riqueza, placer, magnificencia y abundancia que podamos obtener en nuestra vida ¡en todas las áreas! Nunca le dirías a tu hijo: «Ya tienes suficiente educación, ¡deja de leer!» No le dirías a un amigo: «Tenemos una gran relación, así que me la voy a tomar con calma y dejamos de hacer nuestro cariño más profundo.» No pensarías: «Estoy muy saludable y en forma, así que voy a dejar de hacer ejercicio y empezar a comer comida chatarra.» No dirías: «Mi vida espiritual es tan fuerte, que mejor dejo de tratar de mejorar mi conexión con mi Fuente.»

Y no justificarías estas afirmaciones diciendo: «Después de todo, hay algunas personas que no tienen estudios, o que no tienen buenas relaciones, o que no tienen buena salud o una fuerte conexión espiritual. No sería correcto que yo mejorara en estas áreas cuando ya le llevo la delantera a otros.»

Sin embargo, esto es exactamente lo que muchas personas hacen en el área del dinero. Encuentran cualquier excusa para limitar sus deseos.

Para ser realmente exitosos, necesitamos no sólo mentes inteligentes, relaciones amorosas y cuerpos y espíritus saludables. Necesitamos bienestar financiero. El éxito es mucho más que el dinero —es experimentar la totalidad de nuestra verdadera identidad. Pero en nuestra sociedad, es extremadamente difícil experimentar todo lo que somos y gozar de una vida plena a menos que tengamos los medios para vivir confortablemente. Necesitamos ser capaces de comprar libros excelentes y tener el tiempo para leerlos. Necesitamos se capaces de viajar y estudiar otras culturas, de escuchar y entender las grandes obras musicales, de hacer lo que sea importante para nosotros de manera que podamos ser todo lo que podemos llegar a ser.

George Bernard Shaw dijo: «Es un pecado ser pobre.» El verdadero significado de pecado es no estar en armonía con lo que somos y con el entendimiento intuitivo de que el propósito de la vida es expansión y crecimiento. Shaw quiso decir que, en el mundo de hoy, es difícil crecer a plenitud si somos pobres.



Para tener éxito en la vida, tenemos que entender el panorama amplio. El panorama amplio es que nuestro propósito como seres humanos es crear y expresar en la vida todo lo que nos sea posible, y crecer hasta nuestro mayor potencial. Siempre que nos sintamos estancados o trabados en cualquier forma, puede ser que estemos concentrados en la visión pequeña de la vida o viendo sólo una diminuta parte del panorama completo.

Si no mantenemos frente a nosotros el panorama amplio a medida que vivimos nuestra vida, no podremos beneficiarnos de su energía y su poder —y puede que nos encontremos involucrados en actividades que son contraproducentes.

Una compañía manufacturera con la que trabajé, tenía una línea de ensamblaje donde la gente fabricaba teléfonos. En una sección de la línea, tenían un pequeño componente para el teléfono que después formaba parte del instrumento completo. Se dieron cuenta que podrían ahorrarse tiempo produciendo la parte pequeña del teléfono conectando un cable de manera diferente. Pensaron que se estaban haciendo a sí mismos y a la compañía un gran favor; pero al cambiar ese paso arruinaron el trabajo al otro extremo de la línea. El resultado fue una pérdida de tiempo y un teléfono de calidad inferior. No entendieron el panorama amplio, y al tratar de agilizar el proceso, terminaron haciendo un gran daño.

Cuando trabajamos dentro del panorama amplio, el éxito es inevitable.

UNA INVITACIÓN

Deseo que saques el máximo provecho de la lectura de este libro. Para hacerlo, tendrás que hacer algo más que leerlo. Necesitarás actuar. Necesitarás actuar internamente para cambiar la manera en la que piensas acerca del éxito y necesitarás actuar en tu vida y en el mundo.

La acción es lo que separa a los soñadores de los triunfadores. Si actúas con consistencia, persistencia, inteligencia e inmediatez, y pones a funcionar estas ideas para ti, te garantizo que recargarán tu vida en todas las áreas y obtendrás tus sueños. Verás el mundo evolucionar y cambiar delante de tus propios ojos y sabrás que tú eres la fuerza creadora detrás de esa evolución.

Pensar acerca del éxito no sirve de mucho. Tienes que salir y hacer el trabajo. Para hacer realidad tus sueños, debes caminar en tu visión y convertirte en tu sueño.

Te invito a que te comprometas ahora mismo y que me acompañes a explorar los siete Principios de Poder que te ayudarán a activar las leyes y hacerlas trabajar para ti.

1. El éxito es una ciencia gobernada por leyes universales inalterables y específicas.

2. Puedes poner esta ciencia a trabajar para ti, si estás dispuesto a:

   - Cambiar tus pensamientos y actitudes

   - Darte cuenta que el pasado no es el futuro

   - Pensar y actuar sabiamente

   - Abrir los ojos a tu propia valía

3. No necesitas entender todos los detalles acerca de las leyes y principios; sólo necesitas ponerlos en acción. Es como encender una luz usando un interruptor sin entender los detalles acerca de la electricidad.

4. Para triunfar, debes tener claro lo que quieres en la vida —no, lo que no quieres— y conectar ese ideal digno a un gran propósito.

# EL PODER DEL
# ENTENDIMIENTO

«Sabiduría ante todo; adquiere sabiduría.
Y ante toda tu posesión adquiere inteligencia.»

PROVERBIOS 4:7

EL PODER DEL ENTENDIMIENTO ES EL PRIMERO DE LOS SIETE Principios de Poder que te permitirán crear la vida de tus sueños por medio de La Ciencia del Éxito. El Poder del Entendimiento, incluye toda la información que acabas de leer en el capítulo 1, además de las siete Súper-Leyes que mencionaremos en este capítulo.

Estas Súper-Leyes son como la gravedad. Están trabajando continuamente en cada centímetro del universo —aunque no estés consciente de ellas. Cuando las entiendes, puedes ponerlas a trabajar para ti deliberadamente en tu vida personal, en tu trabajo, tus finanzas, tus relaciones, tu búsqueda espiritual o cualquier otra área.

Las siete Súper-Leyes, junto con los siete Principios de Poder que te ayudan a canalizar su energía, forman el Poder de los Siete. Cuando alineas tu vida con el Poder de los Siete, el éxito es inevitable.

### LAS SIETE SÚPER-LEYES

Aprendimos en el capítulo 1 que nuestro universo es un lugar ordenado. Está gobernado por leyes exactas y consistentes. En la medida en que nos alineemos con estas leyes y las apliquemos usando los siete Principios de Poder, el éxito está garantizado.

En realidad, las siete Súper-Leyes son aplicaciones y expresiones de una gran ley, revelada a nosotros por la física cuántica: Todo es energía. Esto significa que las cosas que creemos que son sólidas

—un auto, un sofá, este libro— son, en realidad, a un nivel cuántico, simplemente impulsos de energía e información.

La siete Súper-Leyes son subconjuntos de esta gran ley. Gobiernan nuestras vidas y todo lo que existe en el universo. Las llamo las Súper-Leyes porque funcionan en todos los lugares, para todas las personas, todo el tiempo. Son tan precisas que nos permiten enviar gente a la Luna y calcular su aterrizaje de regreso a la Tierra con una precisión de fracciones de segundo.

No necesitas memorizar las Súper-Leyes, ni necesitas entenderlas al mismo nivel de detalle que lo haría un físico nuclear. Sólo necesitas entender los principios básicos e intuir cómo funcionan en tu vida —al igual que no necesitas entender todo acerca de la gravedad para usar el hecho de que todas las cosas caen hacia abajo y no hacia arriba.

Las siete Súper-Leyes, y los siete Principios de Poder que te ayudan a aplicarlas, catapultarán tu vida personal y profesional a niveles de gozo, realización y éxito más allá de tus sueños más optimistas. Si deseas triunfar mes tras mes, año tras año, debes entender estas Súper-Leyes y Principios de Poder. Veamos las Súper-Leyes, una por una.

SÚPER-LEY #1: LA LEY DE LA PERPETUA TRANSMUTACIÓN DE LA ENERGÍA

Esta Súper-Ley nos dice que la energía siempre está en movimiento, transmutándose y cambiando. Toma una forma y luego otra; mas nunca se queda estática. Todo lo que vemos, escuchamos, probamos, tocamos u olemos está en constante cambio. De hecho, esta Súper-Ley nos dice que el cambio es todo lo que existe.

Todo es energía y la energía está en movimiento. Incluso las cosas que parecen ser completamente sólidas y estables —una mesa antigua, un rascacielos de concreto, un trozo de plomo— están cambiando constantemente. Si pones muestras de estas substancias bajo el microscopio, puedes ver con tus propios ojos, que están cambiando a una forma diferente.

La gente a veces dice: «Esperemos a que 'haya pasado la tormenta' luego de este cambio, antes de hacer algo» o «Espero que este cambio se apresure y termine, ¡así puedo regresar a la normalidad!» No entienden que ¡el cambio mismo es la normalidad!

Algunos clichés culturales representan con frecuencia una verdad que se ha pasado de generación en generación. No puedes regresar al hogar es una afirmación de la Ley de la Perpetua Transmutación. En realidad no puedes regresar, porque tu hogar cambió en el momento en que lo dejaste, ¡al igual que tú cambiaste! Cada célula de tu cuerpo es reemplazada en menos de un año. Físicamente, no eres la misma persona que eras hace un año. Puedes regresar a tu vieja casa o a tu pueblo de antaño, pero no serán los mismos; tú no serás el mismo y tu relación con ellos no será la misma. De hecho, ¡el mundo entero como lo conocemos se ha ido en el momento en que lo conocemos!

El futurista Eric Hoffer dice: «En tiempos de cambio, los aprendices heredarán la Tierra, mientras los eruditos se encontrarán bellamente equipados para tratar con un mundo que ya no existe.»

SÚPER-LEY #2: LA LEY DE VIBRACIÓN

Esta ley afirma que todo en el universo —desde un pensamiento hasta una montaña, desde el diminuto electrón hasta la totalidad del cosmos— está en un constante estado de vibración. Los niveles de vibración varían, y llamamos a las vibraciones más intensas las frecuencias más altas. Las rocas, las personas, la Tierra y el universo son energía vibrando en diferentes frecuencias.

El pensamiento es una de las formas más potentes de energía, vibrando en una de las frecuencias más altas. Al igual que los rayos x y los rayos gamma pueden penetrar los «sólidos», las ondas de pensamiento pueden penetrar no sólo los «sólidos», sino también el tiempo y el espacio. Esto significa que tus pensamientos son, en realidad, cosas. Cada pensamiento crea una vibración, un impulso de energía que viaja al cosmos y se queda allí para siempre. Cuando piensas algo, ese pensamiento es tan real como el libro que estás sosteniendo en tus manos.

¿Alguna vez has notado la sensación en un lugar cuando la gente está bajo estrés? ¿Alguna vez has sentido el cambio de vibración cuando alguien entra a un lugar? ¿Alguna vez has pasado junto a alguien que no conoces y has sentido una energía rara? Un amigo y yo entrábamos a la oficina de correos hace poco, llevando una gran cantidad de correo. Pasamos al lado de una mujer que ya se iba, y nos sentimos rodeados por una ola de ira. Nos miramos y nos preguntamos: «¿Sentiste eso?» Nuestro amable cartero confirmó nuestra experiencia cuando nos dijo acerca del vituperio que había recibido de aquella mujer.

La Ley de Atracción es un subconjunto de la Ley de Vibración. Ésta afirma que las cosas que vibran en frecuencias similares se atraen mutuamente, y las cosas que no vibran en la misma frecuencia se repelen mutuamente. Dos gotas de agua se atraen y se combinan en una. Una gota de aceite y una gota de agua se repelen, porque son de distintas vibraciones. La Ley de Atracción es como vemos manifestada más a menudo la Ley de Vibración en nuestro mundo físico. Es por eso que atraemos las cosas en las que nos enfocamos, pensamos y dedicamos nuestra energía.

En conclusión, la Ley de Vibración y la Ley de Atracción nos dicen: Lo que piensas, manifiestas. De acuerdo con la Ley de Atracción, no eres quien piensas que eres. Piensas quien eres.

Cuando piensas positivamente, atraes circunstancias y gente positiva. Cuando piensas negativamente, atraes circunstancias y gente negativa. Las cosas iguales se atraen. Cada pensamiento que originas atrae a ti cosas como esa. Tus pensamientos pueden atraer tus sueños o tus temores. Si piensas acerca de tus sueños, los atraerás. Si piensas acerca de tus temores, atraerás las cosas que temes. La decisión es completamente tuya.

Naturalmente te mueves hacia lo que te enfocas y te alejas de todo lo que es contrario a tus pensamientos. Si pasas el 90% del tiempo enfocado en lo que no quieres, te moverás hacia eso. Si piensas en lo que sí quieres, te moverás en esta dirección. De la misma manera, puedes repeler la negatividad pensando positivamente. ¿Alguna vez te has sentido tan bien que nada negativo te podía afectar? Esa es también la Ley de Atracción.

Warren Bennis habla de este fenómeno en su libro Líderes: Estrategias para tomar las riendas (Leaders: Strategies for Taking Charge). Él lo llama el «Principio Wallenda». Unos meses antes de morir al caer de una cuerda floja, el equilibrista Karl Wallenda tuvo una pesadilla en donde caía de la cuerda. Antes de esa pesadilla, nunca sintió miedo. Había dedicado toda su energía a crear nuevas y fantásticas acrobacias. Pero la pesadilla lo llevó a enfocar su atención en no caerse. Su viuda dijo que, después de ese sueño, se obsesionó con no caer. Verificaba el equipo constantemente y vivía temeroso de la tragedia. Unos meses después, sufrió una caída fatal.

Cualquier cosa que alimentas con tu atención, crece. Algunas personas ven esto incluso con sus plantas caseras. Les tocan música y les hablan, y las plantas florecen. No es necesariamente la música o las palabras las que hacen prosperar las plantas, sino la energía de la atención dada.

Napoleón Hill, el gran estudiante del éxito y el potencial humano, dijo: «Cualquier idea en la mente que es enfatizada, temida o reverenciada comenzará inmediatamente a mostrarse en la forma física disponible más conveniente y adecuada.»

La mayoría de la Ciencia del Éxito está basada en la Ley de Atracción, y en nuestras discusiones usaremos este término indistintamente con la Ley de Vibración.

SÚPER-LEY #3: LA LEY DE RELATIVIDAD

Primero, no necesitas entender cabalmente la Teoría de la Relatividad de Einstein para usar la Ciencia del Éxito. Sólo necesitas entender sus implicaciones metafísicas, que son en realidad muy simples.

Esta ley nos dice que todo en nuestro mundo material sólo es real por su relación con algo más. Caliente sólo existe porque lo comparamos con frío. Fui a esquiar hace poco y mis manos se pusieron frías, muy frías. Cuando entré y las puse en el agua fría, en realidad se sintió tibia, ¡comparado con lo frías que estaban mis manos! De la misma manera, bien sólo existe cuando se compara con mal.

De hecho, todo en la vida «simplemente es», hasta que lo comparamos con algo más. Nada en la vida tiene un significado intrínseco, excepto el significado que nosotros le damos. Otra manera de expresar esta Súper-Ley es: Las relaciones son todo y todo es debido a las relaciones.

Podemos usar esta Súper-Ley para ver cómo nuestras comparaciones pueden ser contraproducentes. Beth es una abogada en un gran bufete de abogados; ella se quejaba constantemente del poco dinero que ganaba y lo terrible que era su condición financiera. Le dije: «¿Te das cuenta lo adinerada que eres, comparada con la gente de Bangladesh, donde un ingreso anuales promedio es $180?» Esto la hizo detenerse y pensar. Comenzó a pensar como una persona muy próspera, y estos pensamientos le trajeron más prosperidad.

La manera en que decides compararte y comparar tu éxito, puede catapultarte o puede limitarte. Si decides catapultarte dejando que la Ley de Relatividad te ayude a encontrar lo bueno en la vida, entonces tienes que triunfar.

SÚPER-LEY #4: LA LEY DE POLARIDAD

La Ley de Polaridad afirma que nada puede existir sin su opuesto. Si odio existe en alguien, entonces también debe existir amor. Si observas bajo potencial en alguien, entonces gran potencial también debe existir en esa persona. El fracaso en la vida debe estar acompañado por las semillas del éxito. Si algo es realmente malo, entonces ¡debe existir la posibilidad de que sea realmente bueno!

Además, la Ley de Polaridad afirma que, de hecho, ¡estos opuestos son simplemente diferentes manifestaciones de la misma cosa!

Napoleón Hill dijo: «Cada fracaso trae consigo la semilla de un beneficio equivalente o mayor.» Mis «fracasos» han sido algunas de mis experiencias más poderosas en la vida y me han dado las herramientas que necesitaba para alcanzar el éxito. Sin fracasos, es difícil conocer el éxito. Babe Ruth tenía el record mundial por más jonrones, y al mismo tiempo tenía el record mundial por el mayor número de ponches.

Cuando escuchas hablar a la gente exitosa acerca de cómo llegaron donde están, ¿qué les escuchas decir? ¿Acaso dicen que al abrir los ojos una mañana ya estaban rodeados de éxito? No. Sus anécdotas están repletas de cómo sus fracasos les enseñaron y los dirigieron al éxito.

Puede que hayas escuchado la anécdota del joven que le preguntó a un viejo sabio:

—¿Cómo llegó a ser tan sabio?

—Tomando sabias decisiones —le respondió el sabio.

—¿Cómo supo que eran sabias decisiones? —replicó el joven.

—Pues, por experiencia, por supuesto —le respondió el viejo.

—Y, ¿cómo obtuvo esa experiencia? —preguntó el joven.

—¡Tomando malas decisiones! —exclamó el viejo sabio.

Saber que cada experiencia desafiante en la vida contiene las semillas de su opuesto, hace de la vida una constante experiencia de aprendizaje y una gran aventura.

SÚPER-LEY #5: LA LEY DEL RITMO

La Ley del Ritmo afirma que la energía en el universo es como un péndulo. Siempre que algo se mece a la derecha, después debe mecerse a la izquierda. Todo lo que existe está involucrado en una danza: Es un balancear, un flujo, un fluir que va y viene. Todo está creciendo o muriendo.

La marea alta viene; la marea baja se va. La Luna asciende; la Luna desciende. Las estaciones vienen y van. Incluso nuestros estados de ánimo y nuestros niveles de percepción aumentan y disminuyen. Tenemos altas y bajas —intelectuales, emocionales y físicas. Todo —desde las relaciones hasta el mercado de valores— tiene ciclos; todo tiene un ritmo, un patrón. Muchas veces aquello que parece aleatorio es, en realidad, muy ordenado.

Los grandes líderes han usado esta Súper-Ley para predecir sus propias caídas o sus grandes victorias. Cuando algo está en la cima, se dan cuenta que pronto comenzará a moverse en la dirección opuesta. Probablemente tú usas esta Súper-Ley sin darte cuenta. Si has puesto mucho esfuerzo en el mercadeo de tu negocio, en algún momento puedes sentir que necesitas estar más cerca de tu oficina para asegurarte que tu organización está cumpliendo con sus promesas. Si has estado entrenando y ejercitándote mucho, puede que tu cuerpo necesite un descanso. Esta Súper-Ley se hace presente en la vida de todos, aun en el simple acto de dormir y despertar. La usas cuando tienes esa premonición o respuesta intuitiva de si es el momento correcto para actuar o si deberías sentarte a esperar.

Entre más profundamente entiendas esta Súper-Ley, más astuto te volverás en evaluar las situaciones y saber qué hacer.

SÚPER-LEY #6: LA LEY DE CAUSA Y EFECTO

La mayoría de nosotros está familiarizado con esta Súper-Ley, que afirma que cada efecto debe tener una causa y cada causa debe tener un efecto. Cualquier cosa que es una «causa» es, de hecho, el «efecto» de algo que le precedió. Y ese «efecto» se convierte en la «causa» de algo más. Es imposible comenzar una «nueva» cadena de acontecimientos. Esta Súper-Ley nos muestra que el universo es un ciclo perpetuo y sin final.

Todas las grandes religiones y filosofías hablan de la Ley de Causa y Efecto. La mencionan de muchas maneras:

- Lo que siembres, cosecharás.

- Si inviertes mucho, obtienes mucho.

- No se puede obtener una cosa distinta a lo que se da.

- No se pueden cosechar papas sembrando maíz, y no puedes cosechar diamantes sembrando rocas.

- Lo que se da, regresa.

- Lo que des, recibirás.

La idea fundamental en la Ciencia del Éxito es: Lo que piensas, es lo que manifiestas. Ésta es la expresión máxima de causa y efecto, y puede suceder no solamente en tu propia vida, sino en organizaciones.

En 1991 fui contratado por una compañía manufacturera para mejorar la moral de sus empleados, que había caído a su punto más bajo en todos los tiempos. Resultó ser que había una razón para los malos sentimientos. Descubrí poco tiempo después de llegar, que la planta estaba programada para ser clausurada y que a todos los empleados les habían dicho que iban a perder sus empleos. ¡No era de extrañarse que las personas estuvieran infelices! Sabía que, para mejorar su moral, tenía que cambiar su manera de pensar.

La idea era difícil de vender; pero les decía repetida y apasionadamente: «Si continúan enfocados en lo que no quieren —que se cierre el negocio—, simplemente apresurarán el proceso.» Cada día, de distintas formas, animé a cada individuo a enfocarse en lo que él o ella quería crear. Les pregunté constantemente: «¿Qué quieres?» Cuando alguien me contestaba con algo que no quería, le decía: «Yo sé que eso es lo que no quieres. ¿Qué es lo que realmente quieres?»

Finalmente comencé a darme a entender. Empezaron a trazarse metas y a emocionarse con éstas. En lugar de enfocarse en «que no se cerrara el negocio», comenzaron a enfocarse en «ser rentables y adquirir nuevos clientes». En lugar de enfocarse en «lo mal que nos trataron», comenzaron a preguntarse «¿Cómo puedo hacer que hoy sea un día divertido y productivo?»

Al concentrarse en lo terrible que era que la planta estaba cerrando, estaban ayudando a atraer esa realidad. Cuando decidieron que si la administración iba a cerrar el negocio, ellos iban a cerrar con broche de oro, sucedieron tres cosas:

1. Comenzaron a sentirse bien acerca de sí mismos y de sus logros.

2. Se convirtieron en empleados muy atractivos y productivos, que estaban en la lista de personas para trasladar a otras partes de la compañía que no iban a cerrar.

3. Toda la planta se volvió más productiva.

Lentamente, comenzamos a ver los cambios. La línea de producción primaria cumplió su cuota por primera vez en varios meses. La gente volvió a sentirse orgullosa de su trabajo. Un nuevo slogan comenzó a circular en la planta: «¡Lo vamos a lograr… a pesar de todo!» Celebramos los pequeños triunfos y hablamos de cómo mejorar aún más.

Un día, la administración hizo un gran anuncio que cambió todo. La planta había conseguido un nuevo cliente y ahora tenía un contrato por dos años: Se mantendría abierta. Tomó un poco de tiempo cambiar la mentalidad de toda una organización, pero seis años después aún tienen las puertas abiertas y es un negocio lucrativo. Lo que pensaron fue lo que manifestaron.

Nada en tu vida sucede por accidente. Cuando triunfas, hay una causa específica para tu éxito. Puedes identificar la causa viendo cuál Súper-Ley está operando, para que puedas aplicarla nuevamente y triunfar otra vez.

SÚPER-LEY #7: LA LEY DE GÉNERO

Esta Súper-Ley gobierna lo que llamamos creación. Afirma que masculino y femenino, yin y yang, deben unirse para que ocurra la creación. Además, esta ley dice que todo debe tener un período de incubación o gestación. Un bebé toma nueve meses. Las plantas, los árboles, las flores y el maíz, cada uno tiene su respectivo período de gestación.

La implicación es que todo lo «nuevo» es simplemente el resultado de cosas que ya existen y cambian de forma. En este sentido, nada se crea ni se destruye. Simplemente cambia de forma para re-crearse a sí mismo, de la misma manera que un bebé es generado por la unión de un espermatozoide y un óvulo. El «nuevo» bebé es el resultado de las células de la madre y el padre, que cambian de forma y se re-crean.

La manera en que esta Súper-Ley se relaciona con tu éxito es que todo el éxito que quieres en tu vida, ya existe. Hay una sola fuente de suministro. Todo proviene y está hecho de la misma energía. Por lo tanto, el bien que deseas, ya existe. Puede que actualmente esté en una forma diferente; no obstante, ya está aquí. No hay nada que crear. Todo lo que necesitas hacer es tener acceso y manifestarlo. Este libro te mostrará exactamente cómo hacerlo.

Esta Súper-Ley nos invita a recordar que somos seres espirituales y que el mundo físico que experimentamos es sólo una pequeña parte de nuestra verdadera existencia. Para llegar a ser exitoso y mantenerse exitoso, debemos estar conectados con la fuente de todo el éxito. Debemos tener fe en esta realidad no vista. La verdadera fe es la habilidad de creer y confiar en lo no visto. ¡En lugar de esperar hasta ver para creer, comienza a creer y verás!

Hacemos esto con más frecuencia de lo que nos damos cuenta. En este momento, el cuarto donde te encuentras está lleno de ondas de radio. Sabes que las ondas están ahí, aunque no puedas verlas. Sabes que si encendieras la radio y sintonizaras una estación en particular, podrías escucharla. Simplemente tienes que sintonizar la frecuencia correcta. Para obtener la música que deseas en tu vida —tu mayor éxito— sólo tienes que ¡sintonizar la estación correcta y mantenerte allí!

Pero recuerda que todo tiene su período de gestación, y no siempre sabemos cuán largo es ese período de gestación en el plano no físico. En el plano físico, sabemos que tener un bebé toma nueve meses. Sería absurdo que el padre fuera donde la madre en el tercer mes y dijera: «¿Dónde está el bebé? ¿Esto va a funcionar o no?» Sin embargo, frecuentemente eso es precisamente lo que hacemos cuando estamos trabajando en el plano no físico, porque nuestra información no es tan exacta en esa esfera como lo es en el mundo físico.

He encontrado que las personas que no triunfan en la vida, nueve de cada diez veces, se dan por vencidos justo cuando algo está a punto de manifestarse. Han plantado la semilla, están esperando a que se manifieste y justo cuando está a punto de abrirse paso a través de la tierra, pierden la paciencia y dicen: «¡No va a venir!» Se dan por vencidos y desperdician la posibilidad de tener lo que realmente quieren.

Creer y tener fe juegan un papel vital en la Ciencia del Éxito. El gran maestro, Deepak Chopra, habla acerca de la agonía que sufrió cuando estaba tratando de crear su escuela de medicina. Le preguntó a su mentor de dónde iba a salir el dinero, y éste le respondió: «De dondequiera que esté en ese momento.» El mentor sabía que el éxito de Chopra ya existía, aunque en una forma diferente. Esa es la clase de fe que produce milagros.

Planta la semilla, y luego ten fe y espera. Tu éxito vendrá, tan certero como lo hará un bebé después de nueve meses. Sólo tienes que encender la radio y sintonizar la frecuencia correcta. Lo que buscas, también te está buscando a ti.



El Poder del Entendimiento abarca todo el material que has leído hasta el momento. Incluye los principios generales que mencionamos en el capítulo 1 y las siete Súper-Leyes que cubrimos en este capítulo. Es el primero de los siete Principios de Poder que te ayudarán a alinearte con las Súper-Leyes.

Los otros seis Principios de Poder serán cubiertos en los capítulos siguientes. Estos Principios de Poder están diseñados para ser usados por gente como tú. Son acciones que debes tomar para abrir el candado de combinación que contiene la vida de tus sueños. Las Súper-Leyes son los números de la combinación y los siete Principios de Poder son los giros. Cuando tienes los números y los giros, siempre abrirás el candado.

1. Las sietes Súper-Leyes son un subconjunto de la ley primordial de la física cuántica: Todo es energía.

2. Las Súper-Leyes son:

   - La Ley de la Perpetua Transmutación de la Energía: La energía está cambiando y transmutándose constantemente. El cambio es todo lo que existe.

   - La Ley de Vibración: Todo en el universo —lo que se ve y lo que no se ve— vibra con distintas frecuencias. El pensamiento es una de las frecuencias más altas, o la forma más potente de energía. La subsidiaria Ley de Atracción nos dice que las cosas similares se atraen, y que atraemos a nosotros las cosas en las cuales nos enfocamos y las cuales alimentamos con energía.

   - La Ley de Relatividad: Todo lo que existe es definido por su relación con algo más. Todo «simplemente es» hasta que es comparado.

   - La Ley de Polaridad: Si algo existe, su opuesto también debe existir. El fracaso debe estar acompañado por las semillas del éxito.

   - La Ley de Ritmo: Hay un orden, flujo o patrón para todo el movimiento. La vida es una danza.

   - La Ley de Causa y Efecto: Todo tiene una causa y su efecto correspondiente y cada efecto tiene su causa correspondiente.

   - La Ley de Género: No hay nada nuevo en el cosmos. Todas las cosas se manifiestan de acuerdo con sus propios períodos de gestación.

# EL PODER DE LOS
# PARADIGMAS

«Ignorar el poder de los paradigmas para influenciar
tu juicio es ponerte en riesgo al explorar el futuro.
A fin de poder forjar tu futuro, debes estar
listo y dispuesto a cambiar tu paradigma."

JOEL ARTHUR BARKER

HEMOS VISTO QUE LOS PENSAMIENTOS SON COSAS, y que atraemos realidades físicas que son un reflejo de nuestros pensamientos. Si pensamos en forma negativa, atraemos gente y circunstancias negativas. Si pensamos en forma positiva nos convertiremos en imanes para gente y situaciones positivas. Nuestro éxito literalmente depende de la calidad, frecuencia e intensidad de nuestros pensamientos.

Si no estamos obteniendo el éxito deseado en cualquier área, debemos examinar nuestros pensamientos. Es posible que estemos operando con ideas, hábitos, prácticas, actitudes, valores y creencias limitantes y anticuadas. Estos viejos patrones mentales nos mantienen estancados en carencia y limitación; por lo tanto, debemos reemplazar esa programación negativa antigua con pensamientos que nos permitan ser, hacer y tener todo lo que está disponible para nosotros en la vida.

El Principio de Poder #2, el Poder de los Paradigmas, nos muestra cómo liberar esos viejos patrones mentales y construir unos nuevos que te llevarán a donde quieras ir en la vida.

### ¿CUÁL ES TU PARADIGMA?

Nuestro paradigma es la suma de nuestras creencias, valores, identidad, expectativas, actitudes, hábitos, decisiones, opiniones y patrones de pensamiento acerca de nosotros mismos, de los demás y de cómo funciona la vida. Es el filtro a través del cual interpretamos lo que vemos y experimentamos. Tu paradigma le da forma a tu vida y te atrae resultados que son un reflejo exacto de éste. Lo que crees que sucederá, sucede.

Abordamos, reaccionamos y —literalmente— creamos nuestro mundo basados en nuestro propio paradigma individual. Nuestro paradigma nos dice cómo deberíamos jugar el juego de la vida, y dicta si lo jugamos exitosamente o no. Por ejemplo, tal vez tengamos un paradigma que nos diga: «La vida es muy difícil y tengo que batallar para mantenerme a flote.» O puede ser que tengamos un paradigma más positivo, como: «Soy muy hábil en lo que hago y a la gente le gusta trabajar conmigo.»

Los pensamientos son imanes muy poderosos. Lo que nuestro paradigma nos dice, eso atraemos, ¡estemos conscientes o no de cuál es nuestro paradigma! Si crees que «la vida es muy difícil y tengo que batallar para mantenerme a flote», no necesitas estar consciente de esa creencia para experimentar esta situación. De hecho, si deseas ver cuál es tu verdadero paradigma, sólo tienes que ver tu vida y tus resultados. La Biblia nos dice: «Y como creíste, te será hecho.»

Cuando no examinamos nuestros paradigmas y cuestionamos si nos apoyan o nos limitan, estamos operando «en automático». Ya no estamos seleccionando nuestras creencias y paradigmas, pero causan que vivamos en cierta forma. Creamos nuestro paradigma; pero en cierto momento, nuestro paradigma nos crea a nosotros. Por ejemplo, si no cuestionamos la creencia que «la vida es difícil», vamos a estar batallando sin siquiera saber por qué.

Todos tenemos viejas creencias que siempre están al acecho. Muchas de ellas fueron adquiridas en nuestra infancia y ya no nos sirven ni contribuyen a nuestro éxito. Cuando Alicia comenzó a examinar su paradigma, se dio cuenta que ella tenía la creencia que «el dinero proviene de mis padres». Cuando era niña y deseaba comprar helados, juguetes o muñecas, el dinero provenía de ellos. De adolescente, su mesada provenía de ellos. De adulta, con frecuencia se encontraba en problemas financieros y tenía que pedir prestado a sus padres grandes sumas de dinero.

Joel Arthur Barker escribe en Paradigms (Paradigmas): «Ignorar el poder de los paradigmas para influenciar tu juicio es ponerte en riesgo al explorar tu futuro. A fin de poder forjar tu futuro, debes estar listo y dispuesto a cambiar tu paradigma.»

Nuestros paradigmas determinan nuestro comportamiento. Si deseas estudiar detenidamente tus paradigmas y los de tus familiares y amigos, trata de organizar un amistoso juego de cartas durante las vacaciones. Lo más probable es que la gente hará en la mesa lo que hacen en la vida. ¿Algunos actúan aburridos? ¿Competitivos? ¿Campechanos? ¿Desean evitar ser humillados o son serenos o tratarán de controlar y dominar? ¿Son tímidos o arrogantes? ¿Cómo creen que los demás se comportarán con ellos? ¿Piensan algunos que los demás sacarán ventaja de ellos o los harán quedar en ridículo? ¿Piensan que los demás son unos tontos o que se comportan mal? Todos estos comportamientos reflejan ciertos paradigmas o maneras de verse a uno mismo, a los demás y al mundo.

Podemos creer cualquier cosa que queramos creer. Y podemos encontrar mucha evidencia para apoyar cualquier creencia o paradigma que seleccionemos, así que nos convendría seleccionar creencias que nos habiliten y nos impulsen a avanzar. Comenzamos a tener éxito cuando entendemos que tenemos opciones, porque en ese momento podemos comenzar a seleccionar creencias que nos lleven a donde queremos ir. William James, el padre de la psicología moderna, dice: «Cree que vale la pena vivir tu vida, y tu creencia creará esta realidad.»

Para ser exitoso, tienes que entender tu paradigma. Tienes que traerlo al nivel consciente; tienes que estudiarlo detenidamente y ver si hay algo que deseas cambiar. De lo contrario, tus creencias escondidas te controlarán. Si no sabes cuáles son, no puedes hacer nada al respecto.

Si deseas cambiar tus resultados, debes cambiar tu paradigma.



Un cambio de paradigma, significa cambiar de un paradigma a otro. En la Ciencia del Éxito, significa cambiar de un paradigma que impide nuestro éxito a una manera de pensar que fomenta y magnetiza el éxito.

Cuando cambias tu paradigma, cambias a un nuevo juego y a unas nuevas reglas. Cuando el juego y las reglas cambian, todo tu mundo comienza a cambiar. Comienzas a enviar energías diferentes y a atraer nuevas personas y situaciones en la vida. Cuando transformas tu manera de pensar, transformas tu mundo. Oliver Wendell Holmes dijo una vez: «La mente del hombre, una vez expandida a una nueva idea, nunca regresa a sus dimensiones originales.»

Mucha gente dice que desea cambiar sus vidas. Escuchan conferencistas o hacen promesas para el año nuevo y se emocionan con todas las posibilidades que ven para sí mismos. O van a un seminario, leen un libro y ven que desean comenzar a hacer las cosas de manera diferente. Puede que incluso realicen unos pocos cambios en las primeras semanas. Pero entonces su energía comienza a flaquear. Su entusiasmo cae en picada. Para cuando se dan cuenta, están de regreso en la vieja rutina. Cuando esto sucede, es porque están tratando de manipular los efectos en sus vidas, en lugar de tratar con la causa. Estaban tratando de cambiar sus resultados sin cambiar su paradigma.

A fin de producir resultados drásticos y permanentes, tienes que cambiar tu manera de pensar. A menos que haya un cambio en tu paradigma, cualquier cambio será mínimo o de corta duración.

Rich trabajaba en la industria del mercado de valores y me contrató como su orientador personal para el éxito. Estaba muy contento acerca de las estrategias de negocios y ventas que le sugerí, y nos surgieron muy buenas ideas para ayudarle a alcanzar sus metas. Lo extraño es que Rich nunca implementó ninguno de estos planes.

Yo sabía que el problema debía ser su paradigma y comenzamos a explorar sus creencias más fundamentales acerca de sí mismo y el mundo. Rich había crecido en una familia que enfatizaba el trabajo estable y la seguridad. No importaba cuánto dinero ganara, pero se suponía que debería «vivir dentro de sus posibilidades y nunca arriesgarse a dejar un trabajo seguro por una oportunidad que podría fallar». También había crecido escuchando la idea que «es más fácil para un camello pasar por el ojo de una aguja, que para un rico alcanzar el reino de los cielos.»

Evidentemente, estas dos creencias lo estaban limitando. Para hacer crecer su negocio de la manera que Rich deseaba, era necesario tomar riesgos. Y, de alguna manera, él iba a tener que creer que su éxito beneficiaría a todos a su alrededor, y que no lo iba a dejar fuera del cielo.

Rich y yo exploramos la manera en la cual podría cambiar su paradigma y comenzamos a hablar de lo mucho que disfrutaba de actividades como excursiones, esquiar y montañismo. Vio que tomar riesgos era otra manera en la que podía experimentar esta clase de aventura y emoción. Al cambiar su paradigma de riesgo a uno de aventura, Rich vio que era mucho más fácil y divertido tomar los riesgos necesarios para hacer crecer su negocio.

Rich también experimentó cosas que le ayudaron a cambiar sus creencias acerca de la gente rica. Él tenía una prometida a la cual deseaba colmar con regalos, y empleados por los cuales se preocupaba y a los cuales les iría bien si él tenía éxito. Él deseaba enviar a sus padres al crucero que siempre soñaron ir. Comenzó a darse cuenta que el dinero, en sí mismo, no es ni bueno ni malo —es lo que la gente hace con el dinero—, y comenzó a aceptar la prosperidad que su negocio le podía brindar. Tres meses después de escoger su nuevo paradigma, ¡el negocio de Rich había generado ingresos trimestrales que eran mayores a los ingresos totales del año anterior!

Cambia tu paradigma y cambiarás tu vida. Es grandioso buscar nuevas estrategias, habilidades y técnicas en tu negocio y en tu vida personal, pero sólo funcionarán si están cimentadas sobre una nueva manera de pensar.

TRABAJA CON LA CAUSA, NO CON EL EFECTO

Si quieres cambiar el efecto, tienes que cambiar la causa —y nuestros pensamientos son la causa máxima. Si tratamos de cambiar ingresos limitados, satisfacción limitada o relaciones limitadas por medio de concentrarnos en éstos en lugar de cambiar los pensamientos que las causaron, no llegaremos muy lejos. Necesitamos regresar a la esfera invisible e ilimitada de los pensamientos y sentimientos, y realizar allí nuestros cambios. Entonces nuestros nuevos pensamientos se reflejarán en nuestro mundo físico en lugar de los viejos pensamientos.

En otras palabras, quita tu atención de cualquier carencia o limitación en la vida, ahora mismo —tu cuenta de banco, tu casa, tu trabajo, tus relaciones o cualquier cosa. Estas cosas son sólo el residuo de tu antigua manera de pensar. Cuando te enfocas en lo que tienes, sólo creas más de lo mismo.

En vez de eso, comienza a poner tu atención en lo que quieres en tu vida. Trabaja con la causa, en lugar de tratar de manipular el efecto. Mi cliente, Juan, comenzó a crear milagros cuando entendió este concepto. Sus seis empleados habían creado el hábito de llegar tarde. En lugar de llegar a las 9:00, llegaban entre las 9:15 y 9:45. Él trató de cambiar este efecto deduciéndoles el salario —en lugar de llegar a la causa— y sus resultados fueron nimios. Algunas personas llegaron un poco más temprano, pero muchas parecían estar dispuestas a perder dinero en lugar de obedecer las instrucciones de Juan. Cuando examinó su manera de pensar acerca de la situación, Juan descubrió su creencia de «La gente no me apoya». Se esforzó mucho para cambiar esta manera de pensar, y también abordó algunos problemas de fondo con sus empleados.

Juan cambió su creencia a «La gente trabajará y apoyará el esfuerzo de equipo, en la medida que yo apoye sus intereses y aptitudes.» Comenzó a incluir a sus empleados en la visión que tenía para la compañía y para ellos. También comenzó a apoyarlos al adquirir los recursos que necesitaban para triunfar. En el transcurso de un par de meses, todos estaban operando nuevamente como un equipo.

Considera la causa y el efecto como una videocasetera y un televisor. Imagínate que rentaste un video y resultó terrible. ¡Simplemente lo odias! ¿Buscarías un martillo y harías añicos la pantalla del televisor o cambiarías la cinta de video? Si destrozaras la pantalla del televisor, estarías tratando con el efecto. Si cambiaras la cinta, estarías tratando con la causa.

«Mucha gente está ansiosa por mejorar sus resultados», dice James Allen en Como el hombre piensa, «pero no están dispuestos a mejorarse a sí mismos. Por lo tanto permanecen atados.» Si deseamos cambiar nuestros resultados, tenemos que cambiarnos a nosotros mismos. Tenemos que cambiar el video en lugar de destrozar la pantalla del televisor. Cuando cambiamos la causa, cambiamos el efecto. Cuando cambiamos nuestro pensamiento, cambiamos nuestro resultado.

La Ciencia del Éxito está basada en la premisa que tú tienes el poder para cambiar tus propios paradigmas. Tú puedes dirigir tu poder interno de pensamiento y libre albedrío para cambiar tus paradigmas y obtener los resultados que escojas. Para activar este poder, necesitamos entender cómo funciona la mente, cómo se forman los paradigmas y cómo pueden ser cambiados.

Comencemos examinando la mente.

Todos sabemos que la mente no es el cerebro. El cerebro de Einstein está preservado en un frasco, pero no está haciendo nada. El cerebro es simplemente un instrumento de la mente, el vehículo a través del cual trabaja la mente. Pero, ¿cómo funciona la mente?

Nosotros, los seres humanos, pensamos con imágenes, así que para entender la mente, necesitamos una imagen acertada de ésta. En la Ciencia del Éxito entendemos que la mente tiene tres compartimientos. La ciencia nos dice que la mente es omnipresente dentro de nosotros —está tan presente en nuestro dedo gordo del pie, como en nuestra cabeza. De manera que la mente —como la describimos aquí— está presente en las tres partes: el cuerpo, la mente consciente y la mente inconsciente. En realidad, sabemos que la mente se extiende más allá del cuerpo. Pero en este capítulo sólo veremos las tres partes dentro de nosotros.

Una vez que la entiendes completamente, tu mente te revelará un majestuoso mundo de poder, promesa y posibilidades ilimitadas. Te puede ayudar a obtener cualquier cosa que quieras en la vida, como lo ha hecho conmigo. Cuando comprendí completamente mi mente, tripliqué mis ganancias —de por sí substanciales— en un año.



Tu cuerpo es tu parte más obvia y visible, la parte de tu ser que se mueve dentro del plano físico. Pero, en realidad, es tu parte más insignificante. Es simplemente el vehículo en el cual te desplazas, un instrumento material de la mente.

No estoy sugiriendo que nuestros cuerpos no son importantes. Lo son. Y debemos cuidarlos muy bien. Los necesitamos para poder realizar cosas en el plano físico y producir resultados. Pero somos mucho más que nuestros cuerpos. El filósofo Teilhard de Chardin dijo: «No somos seres físicos teniendo una experiencia espiritual; somos seres espirituales teniendo una experiencia física.»

Tú y yo tenemos dentro un poder que es superior a cualquier condición física o circunstancia que nos rodee, y podemos dirigir este poder para obtener lo que deseemos en la vida.


## TU MENTE CONSCIENTE

La mente consciente es la parte de tu ser que piensa y razona. Es el almacén de la información de tus cinco sentidos: olfato, gusto, vista, tacto y oído. También alberga tus seis factores intelectuales: memoria, razón, voluntad, intuición, imaginación y percepción.

Lo más importante que debemos saber sobre la mente consciente es que podemos escoger nuestros pensamientos. Por medio de nuestra mente, podemos aceptar o rechazar cualquier idea. Ninguna persona o situación nos puede hacer pensar o considerar ideas que no decidamos mantener en nuestra mente. Si tienes en tu mente dos posibilidades —por ejemplo, que el vaso está medio vacío o que el vaso está medio lleno— puedes escoger conscientemente una u otra como tu realidad. A través del poder de la voluntad, eres capaz de enfocarte en los pensamientos que escojas y excluir los demás.

Los pensamientos que seleccionas crean impulsos de energía que vibran a través de tu cuerpo y más allá de éste, y con el tiempo determinan los resultados que obtienes en tu vida.

Uno de los más grandes ejemplos de la capacidad para seleccionar pensamientos, es la historia de Víktor Frankl. Frankl fue prisionero de Auschwitz, el campo de concentración Nazi. Es su libro, El hombre en busca de sentido, recuerda el enorme dolor e injusticia a los cuales fue sometido mientras estaba allí. En cierto momento estaba acostado sobre una mesa de operaciones, siendo sujeto a esterilización quirúrgica sin anestesia. El dolor era insoportable y Frankl comenzó a hacer lo que pudo para liberarlo de su mente.

Consideró la enorme diferencia entre libertad y ser libre. Libertad era tener abundancia de opciones en tu medio ambiente, la habilidad para ir y venir y hacer lo que te plazca. Ser libre era simplemente la habilidad para escoger.

Frankl se dio cuenta que aunque el dolor era atroz y él no tenía libertad, en realidad era más libre que la gente que lo estaba operando. Se podía decir a sí mismo: «Soy libre para escoger mis pensamientos y mis emociones. Escojo compadecer a estos hombres en vez de odiarlos.» Los hombres que lo estaban operando tenían muchas libertades, pero habían renunciado a ser libres —ser libres para no realizar estos actos inhumanos en otros seres humanos. Ellos creían que «el sistema» los obligaba a realizar estos actos y que no tenían opción en este asunto.

Si Víktor Frankl pudo escoger sus pensamientos bajo estas circunstancias extremas, ciertamente nosotros podemos escoger nuestros pensamientos en cualquier situación en que nos encontremos.

La idea que podemos seleccionar nuestros propios pensamientos, no siempre es una idea muy popular. Mucha gente preferiría culpar a otras personas por «forzarlos» a pensar ciertas cosas o a las circunstancias que «causaron» que pensaran de cierta manera. Pero, al final y al cabo, es un hecho que podemos escoger —y escogemos— nuestros propios pensamientos. Y los pensamientos que escogemos determinan nuestros resultados.



Tu mente inconsciente es tu centro de poder —tu parte más majestuosa. Es nuestro lado espiritual y algunas personas incluso lo llaman «espíritu». La mente inconsciente se expresa a través de emociones e intuiciones. No tiene límites, excepto aquellos que son impuestos por tu mente consciente a través de los pensamientos que seleccionas o por tu condicionamiento previo. Es el más grande regalo que posees, un baúl de tesoros de vasto potencial.

Tu mente inconsciente funciona en cada célula de tu cuerpo. Haz el siguiente experimento: Mueve tu brazo derecho en un círculo. Mientras lo haces, considera el hecho de que tu mente inconsciente es la que ejecuta la orden. No hay forma en la que puedas mover aproximadamente 157 músculos entre tu omóplato y tu muñeca conscientemente. Es demasiado para que tu mente consciente lo pueda orquestar. Es demasiado complicado decir: «Muy bien, rotemos el músculo #63 diez grados a la derecha, músculo #32 once grados a la izquierda, etcétera.»

Tu mente inconsciente simplemente recibe la orden «Mueve el brazo derecho en un círculo» y la ejecuta —al mismo tiempo que mantiene tu corazón latiendo y tus pulmones respirando, incluso cuando duermes. Tu mente consciente da la orden de mover el brazo, pero el inconsciente la ejecuta.

Este proceso sucede miles, si no es que cientos de miles de veces al día. Cada vez que tu mente consciente se centra en un pensamiento, tu mente inconsciente comienza a ejecutarlo y a manifestarlo en el mundo a tu alrededor. Es por esta razón que es tan importante que escojas tus pensamientos con cuidado. Cualquier cosa que se mantiene en la mente consciente va directamente al inconsciente y comienza a mover el cuerpo y a poner en acción las fuerzas invisibles.

La mente inconsciente no tiene la habilidad para censurar o rechazar información. Actúa inmediatamente sobre cualquier cosa que le es dada. La mente inconsciente no sabe la diferencia entre algo que sucedió realmente o algo vívidamente imaginado.

Cualquier pensamiento que impresionas continuamente en tu mente inconsciente se fija y se habitúa. Estas ideas fijas y hábitos se convierten en tu paradigma. Nuestros paradigmas residen en la mente inconsciente. Continúan expresándose y guiando nuestros resultados sin ninguna ayuda consciente hasta que son reemplazados deliberadamente. Muchas veces ni siquiera sabemos cuáles son, pero están activos dentro de nuestra mente inconsciente y dictan nuestro nivel de éxito hasta que conscientemente los reemplazamos.

La mente inconsciente y la mente consciente son como un jardín y un jardinero. Tu mente consciente es el jardinero. Puedes usarla para escoger cuáles semillas —o pensamientos— deseas plantar. Tu mente inconsciente hará crecer esas semillas y producirá los resultados que reflejan exactamente los pensamientos que plantaste. Cualquier pensamiento que aceptes y alimentes, crecerá en el jardín y será ejecutado por tu mente inconsciente.



Así es como funciona el asunto. Escogemos un pensamiento en nuestra mente consciente y nos relacionamos emocionalmente con él. A medida que continuamos escogiendo ese pensamiento y lo grabamos en nuestra mente inconsciente, el inconsciente comienza a mover el cuerpo para que éste actúe. Es exactamente lo que sucedió hace unos minutos cuando moviste tu brazo. Escogiste conscientemente ese pensamiento y sentiste que querías hacerlo. Diste la orden y la grabaste en tu inconsciente, el cual activó todos lo músculos necesarios para mover tu brazo. Esa es la manera en la que se crean todos los resultados. Los pensamientos crean sentimientos en tu mente inconsciente. Los sentimientos crean acciones y las acciones crean resultados.

Cambia tu manera de pensar y cambias tus resultados. Cada pensamiento que mantienes de manera continua, luego se manifiesta en forma física. Si cambian tus pensamientos, tus resultados tienen que cambiar.

PENSAMIENTOS ⇨ SENTIMIENTOS ⇨ ACCIONES = RESULTADOS

## CÓMO OBTENEMOS NUESTROS PARADIGMAS

Nuestros paradigmas literalmente crean nuestras vidas. Si creemos, consciente o inconscientemente, que la buena salud es nuestro derecho de nacimiento, lo más probable es que gocemos de buena salud. Si creemos que es difícil obtener y conservar el dinero, manifestaremos esa realidad en nuestras vidas.

¿De donde provienen estos paradigmas que causan que pensemos, sintamos y actuemos de cierta manera con nosotros mismos, los demás y lo que nos rodea? ¿De donde provienen esos pensamientos originales? Nuestros paradigmas son mayormente regalos no solicitados de nuestros padres, maestros, fuentes religiosas, la sociedad y otras autoridades. Mayormente, tú y yo somos el producto de la forma de pensar habitual de otra gente.

Si mi abuelo tuvo la creencia que el dinero «así como viene, se va», puede que haya pasado ese paradigma a mi padre, quien probablemente me lo paso a mí. Puede que ni siquiera hayan hablado una sola palabra acerca del dinero, ni mi padre y yo; pero el mensaje se puede transmitir de un millón de maneras silenciosas, cada día, ¡sin que ninguno de nosotros estuviera consciente de cuál fue el mensaje, ni nos diéramos cuenta de que estaba siendo transmitido!

Nuestras «fuentes externas» de paradigmas no tienen que sentarnos y sermonearnos acerca de sus creencias. ¡Puede que ellos ni siquiera sean conscientes de las mismas! Simplemente viven sus paradigmas. Nosotros los observamos y suponemos que así es la vida. Absorbemos sus paradigmas, siendo o no conscientes de cuáles son, o incluso sin saber que los estamos absorbiendo.

Cuando aceptamos estos valores, creencias, hábitos o expectativas sin cuestionarlas, y actuamos basados en éstas, controlan nuestras vidas. Pueden producir resultados positivos, y hasta sobresalientes; pero también pueden producir resultados limitantes, indeseados, inefectivos o incluso dañinos. Recuerda que formamos nuestros paradigmas y luego nuestros paradigmas nos forman. Para obtener resultados diferentes, tenemos que replantearnos nuestra manera de pensar.

Considera estas preguntas:

• ¿Quién ha influenciado mi manera de pensar acerca de mí mismo, de los demás, de la vida, del éxito?

- ¿Qué creencias, actitudes y hábitos de pensamiento me han transmitido?

- ¿Qué actitudes acerca de la sociedad, creencias religiosas o enseñanzas son parte de mi paradigma?

- Estos pensamientos, actitudes, creencias y enseñanzas, ¿están ampliando mis posibilidades de éxito o las están limitando?

Esta última pregunta es muy importante. ¿Cómo ha limitado o ampliado tu paradigma tus posibilidades de éxito? ¿Qué has ganado o perdido debido a éste?

Y lo que es más importante: ¿Qué puedes hacer acerca de tu antiguo paradigma: los hábitos, las prácticas, actitudes, valores, creencias y expectativas que limitan lo que creas en tu vida?

## CÓMO CAMBIAR TU PARADIGMA

¿Cómo puedes cambiar tu paradigma? Para deshacernos de la vieja y limitante programación, tenemos que poner nuevas ideas en nuestra mente de manera constante y consistente. Las ideas nuevas crean nuevos paradigmas positivos y potentes. Vincent Van Gogh dijo: «Sueño mi pintura, y luego pinto mi sueño.»

La clave para crear un nuevo paradigma es la consistencia. Concebir nuevos pensamientos de vez en cuando no ayuda mucho. Meditar acerca de tu nuevo paradigma una o dos veces al día es inefectivo si el resto del día te la pasas con pensamientos de miedo o duda.

Los pensamientos habituales —los pensamientos consistentes— son los que crean tu paradigma y tu destino, no los pensamientos que van y vienen. Los pensamientos que plantas continua y consistentemente en tu inconsciente se convierten en convicción en tu vida. Puedes usar afirmaciones y meditaciones para hacerlo, pero para que tu nuevo paradigma sea un hábito, también se requiere disciplina, compromiso y determinación. Es por eso que el poder de la voluntad en tu mente consciente, es uno de tus mayores regalos. Si te das cuenta que estás en medio de un pensamiento negativo, detente y di «no» a esos pensamientos. Para ese pensamiento en seco y reemplázalo con uno positivo. Di en tu mente o en voz alta «Cancelado» y repite tu nuevo pensamiento. Como la gente de Nike suele decir: «Sólo hazlo».



Cambiar un nuevo paradigma significa marcar nuevos rumbos de vida y marcar un nuevo sendero para ti mismo; pero el poder que obtenemos de este proceso y los resultados que produce bien valen la pena el esfuerzo.

Imagínate que estás a la orilla de una selva muy densa. Al frente ves un camino viejo y bien recorrido a través de la espesa vegetación. Es tentador. Parece mucho más fácil ir por ese camino que cortar uno nuevo a través de la maleza. Todo en la naturaleza tiene la tendencia a tomar el camino de menor resistencia. Un arroyo serpenteante va alrededor de las rocas, no pasa a través de éstas. De la misma manera, es probable que tú y yo tomemos el camino bien trazado, el camino de menor resistencia.

Tu paradigma actual es como el camino bien trazado. Es el camino que has tomado anteriormente, y lo más probable es que haya sido creado por otras personas a tu alrededor. A fin de formar tu propio paradigma, tienes que adentrarte en la jungla y comenzar a cortar un nuevo camino. Al principio puede ser difícil. Tienes que cortar a través de la jungla crecida y comprometerte con tu nuevo camino, incluso cuando parezca más fácil regresar al antiguo. Puede que sea tan difícil que pienses: «Esto es demasiado difícil. ¿Por qué mejor no regreso al viejo camino? Es mucho más cómodo.»

Pero con disciplina, perseverancia, visión y voluntad, tu nuevo camino comienza a tomar forma. Si te comprometes a transitar sólo por el nuevo camino —y lo transitas varias veces al día, todos los días— éste comienza a volverse más confortable. Se vuelve mejor definido. Cada vez que lo transitas hay menos resistencia. Has desarrollado tu propio camino en la vida, y éste te lleva exactamente a donde quieres ir, no simplemente a donde los demás han ido antes.

Pronto el nuevo camino se hace mucho más fácil de transitar. Y el viejo camino se ve más difícil. Las raíces y las plantas han comenzado a crecer en aquél porque no se ha usado. Tal vez otras personas vean tu nuevo camino y lo escojan para sí mismos, y de esta manera tu camino continúa creciendo y se vuelve cada vez más fácil y confortable para transitar. Con el tiempo tu nuevo paradigma se vuelve tan familiar que es más fácil de usar que el viejo —y te garantiza mejores resultados.

La Ciencia del Éxito depende de tu voluntad para crear y concebir nuevos pensamientos, para labrarte un nuevo camino que te guíe al éxito.

No puedes labrar ese nuevo camino a través de la jungla en un solo día. Toma tiempo forjar hábitos en tu mente inconsciente. Pero en el momento que tus nuevas convicciones se vuelven más fuertes y profundas que las viejas, verás los resultados.

Para cambiar nuestras vidas, debemos cortar ese nuevo camino. He aquí algunas cosas para recordar cuando comiences tu viaje:

1. Decide mantener tus pensamientos lejos del «camino» viejo, limitante y negativo y, en toda circunstancia, afiánzate firmemente a tus pensamientos nuevos y positivos.

2. Haz que tu nuevo paradigma sea lo más claro, fuerte, profundo y positivo posible.

3. Transita por tu nuevo «camino» lo más frecuentemente que te sea posible.

4. Fortalece tu nuevo «camino» con el poder de las emociones, la fe, la creencia, la convicción y la determinación.

Crear un nuevo paradigma no es un lavado de cerebro. Es simplemente darle a tus nuevos pensamientos positivos más atención y alimento que los que le das a tus pensamientos limitantes.

Imagínate que tu mente es un vaso lleno de jugo de arándano. El jugo de arándano representa tu vieja programación, y tu meta es tener tu mente llena de agua cristalina, o tu nueva programación.

Tal vez pienses que la mejor manera de tener el vaso lleno de agua limpia es derramar todo el jugo de arándano, lavar el vaso y poner agua fresca y pura. No es cierto. Aun si fuese posible liberar nuestras mentes de toda la vieja programación así de fácil y rápido, sería una conmoción para nuestros sistemas. Y además tomaría el camino de menor resistencia y volvería a llenarse con más de lo mismo. Es mucho mejor y más efectivo, usar un método más gradual.

Imagínate que simplemente comenzamos a verter agua clara en el vaso. El agua comienza a diluir el jugo de arándano, incluso antes de que podamos ver evidencia física de ello. Continuamos vertiendo agua en el vaso hasta que comienza a derramarse. ¿Qué pasa? Al comienzo tenemos muy poca agua pura y mucho jugo de arándano. Está bien. Tenemos fe que están sucediendo los cambios, a pesar de que no podemos verlos. A medida que continuamos vertiendo agua, el color del jugo de arándano se hace más y más claro. Luego, si continuamos vertiendo, el vaso estará lleno sólo con agua pura y clara.

De la misma manera, no tenemos que destruir nuestros viejos pensamientos para crear un nuevo paradigma. Sólo necesitamos verter pensamientos nuevos en nuestro inconsciente. Simplemente retiramos nuestra atención de los viejos pensamientos y concentramos toda nuestra energía en los nuevos. Dentro de poco, el viejo paradigma comienza a aclararse y desaparecer. Nuestro nuevo paradigma crece más grande y más fuerte. Finalmente, es todo lo que queda —al igual que el agua cristalina es lo único que queda en el vaso.

En cierto momento puede que incluso empieces a preguntarte

por qué hiciste algunas de las cosas que solías hacer. Simplemente ya no tienen sentido. Estás experimentando nuevas maneras de pensar, que son la manera más fácil y natural de operar en el mundo.

Crear un nuevo paradigma requiere práctica, pero se vuelve más fácil con la experiencia y las recompensas son drásticas. Los verdaderos maestros en la vida siempre están al tanto de las áreas en las que los viejos pensamientos los están limitando y siempre se encuentran dispuestos a hacer lo que sea necesario para reemplazarlos con pensamientos nuevos. Están dispuestos a disciplinar su manera de pensar y a alimentar el nuevo paradigma que los hará más exitosos, hasta que se vuelva más fuerte que el antiguo.

No puedes concebir pensamientos viejos y limitantes, y atraer el éxito total. Y no puedes concebir pensamientos nuevos e ilimitados continuamente y no atraer el éxito total. Es la ley. Tu nuevo paradigma firmemente cimentado pone en movimiento una fuerza magnética que atrae a tu vida todo lo que está en armonía con éste.

### ¿QUÉ TAN LEJOS PUEDES LLEGAR?

Dadas las condiciones donde te encuentras ahora, ¿cuánto bien puedes crear para ti? ¿Qué tan lejos puedes llegar con tu nuevo paradigma? ¿Qué tan exitoso puedes llegar a ser? Todo es posible en la mente. La gente exitosa a través de los tiempos ha entendido y usado esta verdad. Walt Disney dijo: «Si puedes soñarlo, puedes lograrlo.»

Todo lo que puedas imaginar, lo puedes tener. Si puedes crear una imagen tuya como un multimillonario, viviendo en una hermosa casa, manejando un Rolls Royce, en la relación más satisfactoria que te puedas imaginar o cualquier cosa que quieras, entonces eso es lo que puedes tener.

Si tienes un deseo, el mismo hecho de que tengas ese deseo, significa que tienes los medios para alcanzarlo. Todo lo que está en forma física fue primero un pensamiento. La ropa que vistes, el auto que conduces, la casa en la que vives, este libro, todo fue primero un pensamiento en la mente de alguien.



¿Cómo concibes tu nuevo paradigma? ¿Cómo seleccionas los pensamientos nuevos para reemplazar los viejos y limitantes? He aquí algunas ideas para crear tu nuevo paradigma:

1. Haz tu paradigma tan real, concreto y completo como te sea posible. Eso significa escribirlo exactamente como quieres que sea. ¿Cuáles son las nuevas creencias que deseas que orienten tu vida? ¿Cuáles son las nuevas actitudes y opiniones que deseas adoptar? ¿Cuáles hábitos y patrones mentales te beneficiarían si los incorporas en tu vida? ¿Cuáles son tus verdaderos valores? ¿Cuáles son las expectativas que te llevarán a alcanzar el éxito? ¿Quién deseas ser? Cuando lees tu nuevo paradigma y te visualizas a ti mismo viviéndolo, ¿qué imagen tienes? ¿Dónde estás? ¿Cómo te sientes? ¿Qué ves? ¿Quién está a tu alrededor? ¿Cómo sería un día cotidiano, si estuvieras viviendo con esas nuevas actitudes, creencias y pensamientos?

   Comienza escribiendo «Soy tan feliz, y estoy agradecido ahora que…» y luego procede a describir tus creencias, actitudes, opiniones, hábitos mentales, valores y expectativas exactamente como quieres que sean.

2. Piensa de una manera ilimitada. Date permiso de visualizarte y de visualizar tus actitudes hacia ti mismo, hacia los demás y hacia la manera en que funciona el mundo exactamente como te gustaría que fueran. Recuerda la explicación del capítulo 1 acerca de ser digno. No te guíes por lo que crees que puedes obtener. ¡Reclama la vida que realmente quieres!

3. Asegúrate de usar el tiempo presente. No debes pensar en términos de «algún día», o escribir «seré». Escríbelo y vívelo como si estuvie-

se sucediendo ahora mismo, incluso si los resultados no se han manifestado. Escribe, por ejemplo: «Me encanta estar ganado dinero y dirigiendo un negocio exitoso, porque me permite ser generoso con los demás.» Dale el mensaje a tu inconsciente que esta realidad ya se ha manifestado en tu vida.

Recuerda que la mente inconsciente acepta todo lo que se le da sin editar, censurar o juzgar. Si escribes en el tiempo futuro, le dices a tu mente inconsciente que no tienes lo que quieres y que aún no eres la persona que quieres ser. Cuando dices Yo seré, le estás diciendo a tu mente inconsciente que no lo eres. Una vez leí en la declaración de la misión de una organización lo siguiente: «luchando para llegar a ser el número uno.» Adivina qué es lo que estaban haciendo siempre. ¡Luchando! Con esa declaración siempre iban a estar luchando, mas ¡nunca llegarían a ser el número uno! Si te das cuenta que estás escribiendo tu paradigma en tiempo futuro, detente y asegúrate que la descripción de tu paradigma esté escrita en tiempo presente.

4. Haz que tu paradigma sea emotivo. Además de escribir tu paradigma en tiempo presente, incluye palabras emotivas e involúcrate emocionalmente en lo que estás escribiendo. Recuerda que las emociones son la puerta de entrada a tu mente inconsciente —y tu mente inconsciente es el verdadero poder detrás de tu éxito. La emoción crea motivación. Debes apasionarte. Si no te apasionas con tu nuevo paradigma, si no te enamoras realmente de éste, no se materializará. ¡El espíritu humano no invierte en mediocridad! Si no estás emocionado después de escribir tu nuevo paradigma, escríbelo nuevamente hasta que te emocione. Cuando realmente te emocione, estás listo para hacerlo realidad.

5. Ten cuidado de presentar lo que quieres, no lo que no quieres. Nuestra mente no puede procesar negativos. Si te digo que no pienses

   

en un helado, ¿en qué piensas? Primero debes pensar en lo que te dije que no pensaras, antes de poder decirle a tu mente que no piense en eso. Todos estos pensamientos causarán que atraigas lo que no quieres. Así que recuerda pensar lo que sí quieres.

6. Crea una imagen de tu paradigma y sé parte de la imagen, no sólo un observador. Cuando le pido a la gente que realice este ejercicio, casi siempre se ven a sí mismos en la imagen. Esto no funciona. Debes estar en la imagen de tu nuevo paradigma. Si te estás viendo en la imagen, le estás diciendo a tu inconsciente que en realidad no eres tú —que no has llegado todavía. Cuando estás en la imagen, estás experimentando las emociones y resultados que ya tienes en tu vida, le estás diciendo a tu inconsciente: «¡Esto es real!» Tu inconsciente se ocupa inmediatamente de crear esa realidad. Mira lo que verías si estuvieras en la imagen, no viéndote a ti mismo en la imagen.

Cuando comienzas a vivir tu nuevo paradigma, comienzas a tomar decisiones diferentes. Tal vez comiences a asociarte con otro tipo de gente y atraigas circunstancias diferentes a tu vida. Entre más frecuente y apasionadamente traigas el paradigma a tu mente, más rápidamente lo manifestarás.

Estas ideas son efectivas, ya sea que estés trabajando con un nuevo paradigma o con una nueva visión, como veremos en el capítulo siguiente.

## VIVE TU NUEVO PARADIGMA

Cada una de las Súper-Leyes puede ser usada para hacer tus sueños realidad. Comienza usando la Ley de Atracción. Vive tu nuevo paradigma como si estuviera aquí ahora mismo y ve cómo toma forma física en tu vida.

Sabemos que la mente inconsciente no puede distinguir entre

algo que es «real» en forma material y algo que es imaginado vívidamente. Debido a que tu mente piensa en imágenes, debes crear una imagen mental donde estás viviendo tu nuevo paradigma.

Recuerda que los pensamientos son poderosos, y la mente inconsciente es su esclavo obediente. Como el genio en la lámpara de Aladino, tu mente inconsciente dice «Tus deseos son órdenes». Comienza a crear cualquier cosa en la que piensas —en la que te preocupas. No la confundas manteniéndote en la ruta un día y hundiéndote en la duda y negatividad al día siguiente.

Mi amiga Leslie cambió su paradigma drásticamente cuando le diagnosticaron cáncer terminal. Comenzó a investigar las causas del cáncer y tratamientos alternativos, y decidió crear un nuevo paradigma para sí misma que incluyó no beber, no fumar, una rigurosa dieta vegetariana y una actitud positiva con respecto a vencer la enfermedad. Comenzó a leer y escuchar ideas positivas que respaldaban sus nuevas creencias y decisiones, y continuó creando una imagen de sí misma como una persona plena y saludable.

La vida de Leslie cambió completamente. Perdió unos pocos amigos que no podían entender su falta de interés por ir a los bares; pero un año y medio después de su diagnóstico, su cáncer había desaparecido sin someterse a quimioterapia.

Para moldear tu futuro, debes estar listo y ser capaz de moldear tus paradigmas. En el próximo capítulo, aprenderás a combinar el Poder de los Paradigmas con el Poder de una visión imperiosa para avanzar velozmente.

CAPÍTULO 3: EL PODER DE LOS PARADIGMAS

1. Tu paradigma es la suma de todas tus creencias, valores, identidad, expectativas, actitudes, hábitos, decisiones, opiniones y patrones de pensamiento acerca de ti mismo, de los demás y de la manera en que funciona la vida.

2. Muchos de nuestros paradigmas nos son dados por nuestra familia, la sociedad, autoridades religiosas y maestros, pero podemos cambiar nuestros pensamientos y cambiar nuestros paradigmas para atraer lo que queremos.

3. La mente está formada por el cuerpo, la mente consciente y la mente inconsciente. La mente consciente da la orden y la mente inconsciente la ejecuta por medio del cuerpo. Para escoger un nuevo camino, crea una imagen mental clara de tu nuevo paradigma y concentra toda tu atención y energía en esos nuevos pensamientos, actitudes y creencias. Los pensamientos viejos se marchitarán y morirán.

# EL PODER DE LA **VISIÓN**

«Sin visión, el pueblo será disipado.»
SALOMÓN
PROVERBIOS 29:18

EL PODER DE LOS PARADIGMAS NOS MUESTRA que podemos cambiar nuestros pensamientos, creencias, valores, opiniones y actitudes para reflejar las personas que queremos ser, y atraer las relaciones, situaciones y éxitos que queremos en nuestras vidas.

El tercer Principio de Poder, el Poder de la Visión, nos ayuda a crear una imagen mental clara de la vida que queremos vivir, y comenzar a programar nuestros pensamientos para producir exactamente los resultados que deseamos.

Como hemos visto, hay una gran ley: Todo es energía. También sabemos, gracias a la Ley de Atracción, que las vibraciones similares se atraen mutuamente, y las vibraciones distintas se repelen. Por eso atraemos la gente y las circunstancias que vibran en armonía o resonancia con nuestros pensamientos. Para obtener lo que queremos, debemos plantar esos pensamientos firmemente en nuestra mente. Debemos alimentarlos, darles atención, enfocarnos en ellos y convertirnos en ellos. Debemos alinear cuerpo, mente y espíritu con lo que deseamos.

El primer paso para hacer esto es definir lo que quieres, con absoluta claridad. La Biblia dice: «Sin visión el pueblo será disipado.»

¿QUÉ QUIERES?

La mayoría de nosotros no tenemos lo que queremos en la vida porque nunca definimos precisamente qué es lo que queremos. Simplemente seguimos nuestro condicionamiento, aceptando los paradigmas y visiones que heredamos de nuestras familias, la sociedad, la religión y otras autoridades. Estas viejas ideas, creencias y procesos de pensamiento se han fijado en nuestra mente inconsciente y las aceptamos sin cuestionarlas. El resultado es que creamos exactamente las circunstancias que hemos aceptado.

Cuando entendemos este proceso, podemos cambiarlo. Cuando descubrimos que nuestros hábitos paradigmas y visiones no nos benefician, podemos reemplazarlos. Podemos escapar las consecuencias de nuestro condicionamiento pasado y crear nuestros sueños.

Repito, es bueno que consideres tu mente inconsciente como un jardín. Tus viejos hábitos, paradigmas y visiones de la vida son como la maleza —crece por sí sola. No tienes que hacer nada para hacerla prosperar. Aun cuando cubras la maleza con concreto, ¡crecerá a través de las grietas! En cambio las hermosas flores de tu jardín —tu nuevo e ilimitado paradigma y visión— necesitan amor y cuidado. Necesitan ser alimentados, regados, tocados, consentidos y protegidos de la maleza.

No es suficiente que nada más arranques las hierbas, porque la naturaleza aborrece el vacío. Volverán a crecer si no son reemplazadas con flores nuevas, nuevas verdades. La vieja forma de pensar debe ser constantemente reemplazada con nuevos pensamientos, para mantener el jardín de tu vida bello y saludable.

La mejor manera de hacer esto es mantener fuerte y clara la visión de tu vida. Tu visión te lleva por un camino totalmente nuevo. Tu visión evita que crezcan las hierbas. Elimina lo viejo y llénate de tu nueva vida.


¿QUÉ ES UNA VISIÓN?

Una visión es tu imagen mental de la vida que deseas tener. La claridad es poder. Para obtener los más altos niveles de éxito, crea la visión más grande que puedas soñar, y deposítala en la tesorería de tu mente inconsciente.

Antes de comenzar ese proceso, quiero hacer una distinción entre una visión y una meta. Las metas son una parte importante de la vida y son necesarias para avanzar; pero una visión no es una meta. Una visión es mucho más amplia y convincente que una meta. Es la imagen completa de tu vida, que incluye propósitos personales y profesionales.

Las metas son parte de tu visión, son escalones que te llevarán a donde quieres ir. Por ejemplo, Janet quería ser médico. Esa visión incluía metas como graduarse con honores de la universidad, graduarse de la facultad de medicina, realizar un internado y abrir un consultorio. Cada una de estas metas era esencial y la ayudaba a mantenerse en su camino; pero «ser médico» era más amplio y más inspirador que «realizar mi internado» y «ser un médico» era sólo parte de una visión más grande que incluía una familia y una casa en el campo. Esa visión mantenía su corazón radiante y sus emociones vivas, mientras que las metas individuales guiaban sus pasos.

Tu visión determina cuáles son tus metas, y las metas son hitos que marcan tu progreso hacia tu visión. La visión continuará empujándote y atrayéndote mucho después de haber alcanzado metas individuales.

Sólo tú puedes crear tu visión. Otras personas en tu vida —tu cónyuge, tus padres, tus hermanos, tu patrón y tus colegas— pueden ofrecerte sugerencias; pero tú debes tomar la decisión final.

LOS TRES NIVELES DE VISIÓN

Para crear la visión más grande que puedas tener de ti mismo, considera lo que quieres en tres niveles:

- Lo que quieres ser

- Lo que quieres hacer

- Lo que quieres tener

Lo que «tenemos» y lo que «hacemos» son partes importantes y maravillosas de nuestra vida. Pero la única parte nuestra que no cambia es el «ser». Es maravilloso tener una bella casa, tomarnos unas vacaciones placenteras y obtener otras metas materiales, pero sólo somos custodios temporales de estas posesiones. Las estamos disfrutando por un tiempo, pero lo que somos en nuestros corazones dura por siempre. Tú puedes crear —y crearás— todo el éxito material que quieres, pero a fin de experimentar el éxito pleno, también debes crear un «ser» que es digno de un hijo de Espíritu. La vida no es lo que tenemos o lo que hacemos, es lo que llegamos a ser. Todo crecimiento duradero ocurre de adentro hacia fuera. Puedes hacer y tener todo lo que deseas, pero siempre haz cosas y ten cosas que te ayuden a ser más la persona que eres en realidad.

A medida que creas tu visión, comienza con el nivel más importante y potente: SER. Luego pasa a lo que deseas HACER. Finalmente, explora lo que deseas TENER como resultado. Goethe dijo: «Antes de que puedas hacer algo, primero debes ser algo.»

CÓMO CREAR TU VISIÓN

¿Cómo se empieza? Las recomendaciones para escribir tu visión son las mismas que aquellas para crear tu nuevo paradigma:

1. Haz tu visión tan real, concreta y completa como te sea posible. Crea una imagen que incluya tu bienestar físico, mental, emocional y espiritual. Encuentra tu propia armonía individual entre lo personal y lo profesional. Para algunas personas, trabajar 12 horas al día es un buen balance; para otras no lo es. Sé franco acerca de cuál balance es bueno para ti, y toma en cuenta los tres niveles de tu visión: ser, hacer y tener. La vida está

destinada a ser satisfactoria y completa en todas las áreas. Tal vez te ayude considerar cómo te gustaría ser recordado. ¿Qué te gustaría que dijera de ti la gente una vez que hayas partido? ¿Cómo quieres que hable de ti la gente? Piensa en el bien que le puedes hacer a la gente que está a tu alrededor. Ahora, mírate a ti siendo esa persona. Siente lo que es ser esa persona. En tu mente, conviértete en esa persona.

2. Piensa de manera ilimitada. Deja ir toda limitación en tu pensamiento y permítete soñar. Entra en tu visión sabiendo que puedes obtener todas y cada una de las cosas que deseas. Todas las cosas son posibles a través del poder de espíritu y de tu mente majestuosa.

3. Asegúrate de usar el tiempo presente. Debes ser capaz de verte a ti mismo viviendo ya el bien que deseas. Di Yo soy un multimillonario en lugar de decir Yo seré un multimillonario. Puede que tus millones no hayan llegado a ti todavía, pero esto es lo que estás programando en tu mente inconsciente. Si le dices a tu mente inconsciente Yo seré un multimillonario, no estás siendo un multimillonario.

Si dices: «Deseo un carro nuevo», eso es exactamente lo que tu mente inconsciente creará para ti: el deseo, no la realidad. Mejor escribe: «Soy feliz y estoy emocionado manejando mi nuevo Mercedes Clase S».

4. Haz de tu visión algo emotivo. Deja que la emoción avive tu visión. El inconsciente no puede distinguir entre algo que sucede realmente y algo que es vívidamente imaginado, así que usa palabras vívidas, coloridas y emotivas para dar poder a tu visión.

5. Ten cuidado de presentar lo que quieres, y no lo que no quieres. Si te digo que no pienses en un helado, ¿en qué tienes que pensar? Primero tienes que pensar en lo que te dije que no

pensaras, antes de poder decirle a tu mente que no piense en eso. Si una de tus metas es «no tener días de enfermedad», tendrás que pensar en la enfermedad. Es mejor pensar en ser «continuamente saludable».

6. Está en la imagen, no viéndola solamente como un observador. Como dije, cuando le pido a la gente que realice este ejercicio, siempre terminan viéndose a sí mismos en la imagen. Esto no funciona. Debes estar en la imagen de tu nueva visión. Si te estás viendo en la imagen, le estás diciendo a tu inconsciente que no eres tú realmente, que no estás allí. Cuando estás en la imagen, ya tienes tu nueva vida. Le estás diciendo a tu inconsciente: «¡Esto es real!» Tu inconsciente se ocupa inmediatamente de crear esa realidad. Mira lo que verías si estuvieras en la imagen, no viéndote a ti mismo en la imagen.

ESCRÍBELO

Ahora, toma tres hojas de papel grandes. En la parte superior de la primera, escribe: «Lo que quiero ser». Asegúrate de incluir los aspectos físicos, mentales y espirituales de lo que deseas ser. Escribe por cinco minutos sin dejar de mover la pluma. Mantenla en movimiento. Recuerda que todo es posible.

En la parte superior de otra hoja, escribe: «Lo que quiero hacer». Usa otros cinco minutos para escribir sin dejar de mover tu pluma, y escribe todo lo que quieres hacer en tu vida —físicamente, mentalmente y espiritualmente.

En la parte superior de la tercera hoja, escribe: «Lo que quiero tener». Una vez más, incluye los aspectos físicos, mentales y espirituales de lo que deseas tener, y escribe por cinco minutos sin dejar que se detenga tu pluma.

No te preocupes por cómo serás, harás o tendrás estas cosas. Si tu intención es clara y te envuelves apasionadamente en tu visión, los medios para obtenerlas llegarán a ti. El «cómo» simplemente comenzará a manifestarse de maneras más espléndidas de lo que te puedas imaginar.

¿Estás emocionado por lo que has escrito? ¿Te puedes envolver emocionalmente? Si es así, ¡grandioso! Si no, ahora es el momento de afinar tus respuestas.

Ahora, mira tu página de Ser, tu página de Hacer y tu página de Tener, y cuenta la cantidad de puntos que tienes en cada página. Luego divide esa cantidad entre tres. Por ejemplo, si tienes quince cosas en la página de Ser, tendrás cinco, cinco y cinco. Si tienes doce cosas, tendrás cuatro, cuatro y cuatro.

Una vez que hayas obtenido el número, da prioridad a lo que has escrito. Designa la tercera parte de sus cosas en la página de Ser como los más importantes, y asígnales una «A». Haz lo mismo con las páginas Hacer y Tener. Dale una «B» a la tercera parte de los puntos en cada página que son ligeramente menos importantes y «C» a los que son los menos importantes en cada página. Si tienes quince puntos en cada página, cinco de éstos serán «A», cinco serán «B» y cinco serán «C».

Cuando termines de hacer esto, enumera todas tus «A» en orden de prioridad, y asigna el #1 al más importante, el #2 al siguiente en importancia, etcétera. Pregúntate: «Si sólo pudiera tener una de estas cosas, ¿cuál sería?» Asigna el #1 a ese punto. Luego pregúntate: «Si pudiera tener uno más, ¿cuál sería?» Organiza todos tus puntos «A» en orden numérico.

Repite este proceso con tus páginas Hacer y Tener.

Cuando termines, tendrás tres metas que son «A1». Una será un Ser, una será un Hacer y la otra será un Tener. Estas son las tres cosas más importantes en tu vida. ¿Qué puedes hacer para acercarlas a tu vida? Toma una hoja de papel en blanco y escribe las cosas que harás dentro de las próximas veinticuatro horas para acercarte hacia tu visión.

Por ejemplo, si parte de tu visión es ser tener independencia financiera, puedes ir al banco y abrir una nueva cuenta de ahorros —aunque sólo deposites $5. Si parte de tu visión es ser un gran papá o mamá, puedes programar un día con tu hijo o hija. Si quieres ir de crucero alrededor del mundo, puedes llamar a la agencia de viajes y pedir un folleto. Si en tu visión hay un carro nuevo, ve a una sala de exhibición y siéntate al volante. Lo que hagas para acercarte a tu visión no tiene que ser nada enorme, pero es algo que te comprometes a hacer en las próximas veinticuatro horas.



La emoción es el combustible que transforma tu visión en una realidad física. Sólo serás exitoso con una visión si ésta te llena de pasión. No puedo enfatizar lo suficiente lo crucial que es la energía emocional para que tengas éxito en tu visión. La única forma en que tu visión se convierte en realidad que te enamores de ella. Una visión que tiene éxito es una visión que compele.

Jim Webb tuvo la visión de participar en la carrera de las 500 millas de Indianápolis por treinta y tres años. Recientemente le escribió a un amigo mío: «Sé que anteriormente estaba pensando a la inversa. Pensé que necesitaba el dinero antes de poder prepararme para la carrera.» Después de que comenzó a estudiar lo que llamo el Poder de la Visión, se levantó cada mañana y revisó su visión y sus metas. Se vio a sí mismo participando en cada vuelta, calificando y ganando el Indy 500. Se imaginó a sí mismo con los premios y recibiendo el cheque de 1.6 millones preparado para él. Comenzó a hablar con compañías acerca de patrocinio para su equipo. Al final del día se relajaba y revisaba su visión.

—Para acortar la historia —escribió, —después de usar las técnicas de visualización, estoy muy emocionado de contar que voy a participar en las 500 de Indianápolis de 1997.

La emoción nos impulsa a la acción. Si no lo crees, mira el reloj que tienes en tu muñeca. Si pagaste más 40 dólares por él, hiciste una compra emocional. Un reloj de $40 te dará la hora tan bien como uno de $4000. Si pagaste más de $40, lo hiciste por lo que el reloj te haría sentir.

Algunas personas dicen: «Espera, yo soy una persona razonable, sensata y lógica. No tomo decisiones basado en mis emociones.» Yo creo que aun si eres razonable y sensato, tomas tus decisiones basado en cuán fuerte sientes que algo es razonable o sensato. No tienes que estar envuelto en algunas de las emociones más obvias —amor, odio, tristeza, gozo— para tomar decisiones emocionales.

La emoción es nuestro mayor estimulante. Es nuestro espíritu hablándonos y deseando hacerse presente. Cada pensamiento que mezclas con emoción, se convierte en la semilla que plantas en tu mente inconsciente. Esa semilla crecerá al grado que sea alimentada por medio de repetición, fe y convicción.

## EL PODER DE LA FE Y LA CONVICCIÓN

Napoleón Hill dijo: «Hay una diferencia entre desear algo… y estar listo para recibirlo.» Nadie está listo para algo hasta que cree que lo puede adquirir. Antes que algo nos pueda llegar, tenemos que visualizarlo y creer que es nuestro.

Muchos individuos han escrito sus visiones, tal como tú lo has hecho, y nunca obtuvieron nada. ¿Por qué otras personas tuvieron éxito, y ellos no? ¿En qué radica la diferencia? ¿Por qué hay gente que es increíblemente exitosa, mientras que otros continúan luchando y nunca llegan a nada? No es que exista un poder superior que tenga favoritos, alcanzando y tocando a unos cuantos selectos. A menudo la gente que tiene éxito son aquellos que tienen la fe más fuerte.

La convicción férrea y la fe inquebrantable son elementos esenciales para convertir tu visión en realidad. Todas las personas de éxito tienen la convicción absoluta que sus visiones se manifestarán. Saben con certeza absoluta que sus sueños vendrán a ellos. Esta gente no pierde tiempo teniendo fe un minuto, para luego hundirse en el miedo o la duda al siguiente momento. Eso sólo atraería confusión y ansiedad. Las personas de éxito se enfocan sólo en sus visiones, y alimentan esas visiones con fe, sin importar las condiciones actuales. Saben que es sólo cuestión de tiempo antes que sus visiones se manifiesten en forma física.

—Creer en las cosas que puedes ver y tocar, eso no creer —dijo Abraham Lincoln, —pero creer en lo que no se puede ver, es un triunfo y una bendición.

La fe y la convicción no sólo actúan como poderosos agentes a la hora de obtener nuestros sueños, nos mantienen centrados, calmados y presentes en nosotros mismos y en nuestras vidas. Cuando tenemos fe y convicción que nuestros sueños vienen en camino, nunca tenemos prisa. La prisa es una manifestación del miedo. El miedo está basado en la duda y la falta de convicción. El miedo, la duda y la falta de convicción están basados en la ignorancia de la verdad de que todos somos uno con la Inteligencia Superior.

La Ley de Género dice que tu bien vendrá en la forma correcta y en el momento correcto. Esta Súper-Ley, gobierna la creación y tú estás creando el éxito. Afirma que cada cosa «nueva» existe porque se han unido energías diferentes, y que todo tiene su propio período de incubación o gestación. Cuando tenemos fe, no tratamos de apurar nuestros sueños antes de que estén listos para dar frutos, de la misma manera que no apresuramos un bebé para que nazca antes de haber transcurrido nueve meses. La fe nos da paciencia con nuestras visiones y sueños. El éxito ya viene. Ya existe y sólo está esperando que lo atraigas.

No te desconectes de este flujo creativo con dudas, convicciones limitantes o falta de entendimiento. Lo único que puede salir mal es tu pensamiento. Cuando te des cuenta de que estás comenzando a apresurarte o preocuparte, ¡detente! En el momento en que actúas con apremio, te desconectas de la Inteligencia Superior y no recibes el poder y la sabiduría que son tuyos por derecho. Reafirma que tú eres uno con la fuente de todo lo que existe. Tu convicción nunca vacilará si estás conectado con la verdad de lo que eres en realidad. Escucha lo que la «pequeña voz interna» de tu intuición te dice que hagas.

Cuando te llegue el mensaje, entonces ¡actúa! No te preocupes acerca de lo que piensen los demás. Ellos seguramente están más preocupados acerca de lo que los demás piensen de ellos, que en juzgarte. Hasta que perfecciones tus habilidades intuitivas, puede que cometas algunos «errores». Puede que juzgues incorrectamente el impulso de comprar un auto como la voz de la inteligencia suprema dentro de ti, pero gradualmente fortalecerás tu «músculo intuitivo». Aprenderás a escuchar y a actuar en fe y convicción. Cuando la escuches, reconocerás la « pequeña voz interior» y desarrollarás el valor para confiar en ella y seguirla todo el tiempo.

Cuando actúas confiado y con fe, mientras escuchas tu sabiduría interna, todo se desarrollará de acuerdo al orden divino —en el tiempo y la manera exacta que debería ser, ni demasiado temprano ni demasiado tarde. Cualquier ayuda, recursos o relaciones que necesites te llegarán exactamente en el momento que las necesites. Toda la sabiduría o conocimiento que necesitas te está buscando a ti. Incluso si no sabes cuál es el siguiente paso a seguir, te será dado el libro que necesitas, conocerás a la persona que necesitas conocer o manifestarás el dinero necesario para cumplir tus sueños —y siempre sucede en el momento justo.

Una vez más, podemos cómo funciona la mente para entender este principio. En el nivel intelectual o consciente, tu visión debe estar aquí y ahora, en el tiempo presente. Debes visualizarte a ti mismo en la imagen y ver a través de tus propios ojos dentro de tu visión. En el nivel espiritual o inconsciente, tu visión también debe estar aquí y ahora. Haz esto usando tus emociones. Involúcrate emocionalmente con tu visión. Apasiónate por ésta. Recuerda que el espíritu humano no invierte en mediocridad. En el nivel físico, tu visión no tiene más remedio que comenzar a manifestarse.



La ciencia ha comprobado el poder de la visualización y su habilidad para crear. El golfista Jack Nicklaus siempre visualiza su golpe antes de aplicarlo a la bola. Él siente el movimiento y ve la bola yendo exactamente donde él lo desea. Michael Jordan siempre repasa el juego completo en su mente antes de dejar el casillero. Cada lanzamiento, cada movimiento, cada pase es una imagen mental antes de convertirse en una realidad física. Cuando los grandes gimnastas están lesionados, se les dice que practiquen acostándose sobre la colchoneta y visualizando su ejecución.

Manifiesta tu visión de la misma manera que manifiestas tu nuevo paradigma —usando el poder de tu voluntad para enfocarte en ésta con una intensidad láser. Entre más frecuentemente lo hagas, más rápidamente se manifestará.

Primero, toma tus tres visiones «A1» y crea una imagen con éstas. Puedes incorporar los elementos del paradigma que creaste en el capítulo anterior y construir un panorama amplio que incluya tu paradigma y tu visión.

Visualízate viviendo dentro de esta imagen al menos una vez al día. Encuentra un momento tranquilo del día para hacer el ejercicio que te voy a describir. Recuerda que la mente inconsciente nunca duerme. El último pensamiento que tienes cada noche antes de dormir, es lo que le das a tu mente inconsciente para que trabaje toda la noche; por eso, el mejor momento para visualizar tu visión es cada noche, justo antes de quedarte dormido.

Primero, relaja tu cabeza en la almohada. Comienza a sentir que estás viviendo tu visión. Hazla colorida y emotiva. Está en la imagen; no seas un observador, sino un participante activo. Imagínate caminando, hablando y sintiendo como si tuvieras tu visión en forma física. Escucha los sonidos, siente las emociones, huele lo olores, toca las texturas y mira las escenas. Mantén esta imagen en tu mente mientras te vas quedando dormido. Tu mente inconsciente la tomará y comenzará a trabajar con ésta toda la noche. Se enviará esa vibración, y la Ley de Atracción comenzará a atraer estos resultados a tu vida.

Si deseas resultados más rápidos, también practica esta visualización al momento de despertarte. Si deseas obtener resultados aún más rápidos, practica otra visualización al mediodía. Donde sea que estés, relájate. Comienza a ver, oír y sentir tu visión. Evoca tu imagen y pasa la cinta completa. Hazla más grande, mejor, más brillante y más divertida cada vez que la veas. Intensifica esos sentimientos. Entre más vívidamente puedas imaginar tu visión y más frecuentemente lo hagas, más rápido vendrá a tu vida.

Toma medidas hacia tu visión cada día. Camina, habla y piensa como si ya fuera tuya. No te preocupes por el mañana. Dale hoy el 100% a cada acción y esto te moverá hacia tu visión.

1. Para crear la vida de tus sueños, crea una visión clara y precisa que incluya Ser, Hacer y Tener.

2. Estimula tu visión con emoción, fe y convicción.

3. Asegúrate que estás en la imagen, viéndola a través de tus propios ojos.

4. Visualízala lo más frecuente y vívidamente posible, y tiene que venir a tu vida.

5. Toma medidas inmediatas cada día, que te acerquen hacia tu visión.

6. Actúa «como si» ya hubiera ocurrido. Fortalece tu convicción y tu fe en ti mismo y en tu visión.

# EL PODER DE LAS
# ASOCIACIONES

«Los hombres adoptan la naturaleza, hábitos y poder
de pensamiento de las personas con quienes se asocian.»

NAPOLEÓN HILL

VIVIMOS EN UN MUNDO QUE SE MUEVE MUY RÁPIDAMENTE, y estamos en medio de una explosión de información. Cada año se espera que produzcamos más, más rápido y con menos recursos. Para mantenernos a flote —ya no se diga para ser exitosos—, debemos optimizarnos. Debemos encontrar formas de multiplicar, optimizar y combinar la energía que está disponible. La clave para prosperar en este nuevo mundo es crear asociaciones poderosas.

Cualquiera que diga que ha alcanzado el éxito por sí mismo hoy en día, no está siendo franco. Incluso la gente que trabaja muy duro y de manera muy inteligente, encuentra extremadamente difícil mantenerse a flote trabajando solamente por sí mismos. Las asociaciones son vitales para la Ciencia del Éxito. El siguiente paso después de crear tu nuevo paradigma y definir claramente tu visión es optimizar tu tiempo, talentos y acciones por medio del cuarto Principio de Poder, el Poder de las Asociaciones.

### CONEXIONES: LA GRANDEZA DE LAS COSAS PEQUEÑAS

Con frecuencia se dice que en cinco años seremos la suma de lo que somos hoy, más cuatro elementos: los libros que leamos, las cintas que escuchemos, los seminarios a los que asistamos y la gente con la que pasemos nuestro tiempo. Yo lo creo. Hace poco leí que el 70 por ciento de los trabajos se consiguen por medio de la red de conocidos

—las conexiones— y creo que esta figura es incluso mayor cuando se trata de crear nuevas oportunidades de negocios.

Debido a mi trabajo, con frecuencia viajo en avión, y siempre me interesa conocer a la persona que se sienta a mi lado y aprender algo acerca de él o ella. Cuando regreso a casa, le envió a esa persona una nota escrita a mano, agradeciéndole por su tiempo y conversación.

Hace poco me senté junto al Vicepresidente de Ventas de una de las compañías Fortune 500. Hablamos de las ventas en general y acerca de la Ciencia del Éxito. Yo le escribí mi nota de costumbre. Dos semanas después me llamó y hablamos acerca de mi trabajo. Después algunas conversaciones, firmé con su compañía un contrato para dar varias conferencias. Durante la cena en el primero de esos eventos, me dijo que me había llamado porque estaba intrigado con mis ideas, pero más que nada estaba impresionado porque le había escrito la nota.

Siempre escuchamos hablar de «lo grande de las cosas pequeñas». Yo creo que son sumamente grandes. En este caso, un interés genuino en una persona y en sus negocios, una conversación estimulante y una pequeña cortesía, resultaron en una asociación agradable y lucrativa.

## ¿CREACIÓN O COMPETENCIA?

¿Por qué en la actualidad la mayoría de la gente no forja asociaciones poderosas? ¿Acaso no parece lógico que puedes optimizar tu potencia cuando te asocias con gente potente y que te apoya? ¿Acaso no parece lógico que puedes incrementar tu éxito mientras minimizas el esfuerzo que te toma obtener lo que quieres? Creo que parte de la respuesta es que estamos condicionados para competir entre nosotros.

Una de las realidades más notables que ha revelado mi investigación es que la gente realmente exitosa nunca compite. La razón por la cual la gente exitosa evita competir es que, cuando compites, te limitas a ti mismo y tu habilidad para crear. Considera la clase de pensamientos que se deben crear para competir. Tienes que:

1. Compararte con tu «adversario» y pensar que uno debe ganar y el otro debe perder.

2. Creer que existe un suministro limitado de bien y éxito.

Ambos pensamientos están equivocados, y desalineados con las Súper-Leyes. Veamos cada uno éstos.

Primero, es importante entender que no tenemos adversarios externos. Tu éxito —o la falta del mismo— proviene directamente de tus pensamientos. Nadie más tiene el poder de hacer que no alcances el bien que deseas. Así que la única competencia real que tendrás en tu vida es la competencia entre los pensamientos positivos de tu mente disciplinada y los pensamientos negativos de tu mente indisciplinada. Sólo estás compitiendo contigo mismo. Si debes tener un adversario, deja que ese adversario sea la falta de entendimiento. Esa es la única cosa que puede retrasar tu éxito.

Si quieres ganar la batalla contra esa parte indisciplinada, la parte que no entiende las leyes, lee este libro una y otra vez. Haz los ejercicios reiteradamente hasta que queden grabados en tu centro de poder espiritual. Haz que la atracción entre tus pensamientos y el bien que quieres sea absolutamente clara, inquebrantable e irresistible.

No competir es sólo el primer paso para crear asociaciones exitosas. Creo que debemos ir un paso más allá. Creo que debemos tener un interés genuino por la gente y un deseo real por su éxito, además del nuestro. Si todavía no la tenemos, bien vale la pena desarrollar esta generosidad de espíritu. Es buena para el prójimo, es buena para el mundo y es especialmente buena para ti. Esto te atraerá el bien que deseas aún más rápidamente.

Para refutar la segunda suposición acerca de la competencia

—que existe un suministro limitado de bienestar y éxito—, recuerda que no existe tal cosa llamada suministro limitado. Recuerda, las Súper-Leyes nos dicen que nada se crea ni se destruye. Todo siempre ha sido, y siempre será. Esta es la ley. El mercado está lleno de gente y compañías haciendo el mismo tipo de negocios, proporcionando servicios similares y, sin embargo, muchos de ellos prosperan. Tu «competencia» puede ganar millones de dólares y aun así habrá muchos millones para ti. ¡El éxito de los demás no tiene efecto sobre tu propio éxito!

Esta es una manera radical de pensar; pero es absolutamente acertada. Sigue las leyes. No es la consciencia colectiva; pero a menudo la manera de ser exitoso es ver lo que las hacen masas, y caminar en dirección opuesta.

La gente sumamente exitosa no compite, crea. Disciplinan sus pensamientos para enfocarse no en los demás, sino en sus propios resultados —en el éxito que están creando y las abundantes posibilidades que tienen a su disposición.

Cada vez que dejamos que nuestros pensamientos divaguen, comparándonos con otras personas, estamos condenados a crear nada más que los mejores esfuerzos de esas personas. Si eso es lo que pensamos, eso es lo que creamos. Si pensamos acerca de nuestros propios nuevos paradigmas y visiones, eso es lo que crearemos. Si realmente quieres ser exitoso, decide ahora, de una vez por todas, concentrarte sólo en lo que quieres y en la abundancia de posibilidades que están a tu disposición.

EL ÉXITO DE STARBUCKS: UN ESTUDIO SOBRE CÓMO CREAR

El Café Starbucks es la clásica historia de éxito en América, y está construida sobre la base de crear, en lugar de competir. En 1982, Howard Schultz el gerente general de Starbucks, dejó su trabajo de $75,000 al año en Xerox para perseguir su sueño de ser empresario. Nunca se vio a sí mismo compitiendo con el mercado de café existente, que en realidad estaba en declive con un auge en el interés por el té, las guerras de precios y la mala calidad de los productos. En vez de eso, Schultz creó un nuevo paradigma para el café —cafés gourmet— y creó un nuevo mercado. Él no reaccionó al mercado existente, sino que satisfizo un nicho que nadie había visto como una posibilidad.

¡Los resultados fueron asombrosos! Starbucks creció de aproximadamente seis tiendas y menos de cien empleados en 1987 a más de 1,300 tiendas y 25,000 empleados en 1997. Las ventas y las ganancias crecieron más de 50% al año por seis años consecutivos, y contrataron más de 500 empleados cada mes.

Cuando solía tomar café, gustosamente hacía fila para pagar $5 por mi taza de café de Starbucks. Dudo que alguien pensara alguna vez que sería una gran idea pagar $5 por una taza de café gourmet; pero el negocio de café gourmet está en auge. Por medio de crear, y no competir, Howard Schultz desarrolló una nueva industria —una prueba adicional de que la competencia no tiene nada que ver con el éxito.

## CÓMO SELECCIONAR TUS ASOCIADOS

Cuando dejas de competir, también te liberas de argumentos insignificantes y eres libre para ser lo mejor que puedes ser —para ti y para la gente que te rodea. Cuando sabes, en el fondo de tu corazón, que nadie puede interponerse a tu propio éxito, comienzas a ayudar a otros. Cuando la gente se ayuda y se apoya, todos ganan. Todos obtienen más de lo que obtendrían trabajando solos.

Entre más ayudes a otros, más atraerás a ti esa misma energía. Al enfocarte en tu nuevo paradigma y visión, atraerás a gente que está en armonía con la persona en la que te estás convirtiendo y con la dirección en la que te estás moviendo. Será gente que cree en ti y apoya la realidad que estás creando. Ellos comenzarán a ayudarte a obtener tus metas. Su apoyo energizará tu visión y te ayudarán a manifestarla mucho más rápido. Comenzarás a forjar asociaciones. La pregunta es, ¿cómo seleccionas a los asociados adecuados?

Este es mi consejo más importante acerca de cómo seleccionar asociados. Comprométete a construir relaciones íntimas sólo con personas como las que te gustaría llegar a ser. Yo me comprometí a esto hace seis años, y cambió mi vida. Tuve que dejar ir algunas de mis amistades. Tuve que cambiar algunas de las personas con las que me relacionaba. Esto marcó una gran diferencia en mi vida. Eso no significa que dejarás de frecuentar a tus amigos o conocidos actuales. Significa que sólo establecerás relaciones íntimas con las personas que admiras y las personas como las que te gustaría llegar a ser.

Si no quieres ser como alguien, no inviertas mucho en esa relación —ya sea personal o profesional. ¡Las águilas no vuelan con las palomas! Es un ejemplo simple y directo, pero muestra el punto. Las águilas y las palomas tienen vibraciones totalmente diferentes. Se repelen en lugar de atraerse.

A menos que seas muy inusual, ahora mismo tienes gente en tu vida que te está limitando. He visto como muchas personas potencialmente exitosas se limitan con relaciones que les roban su energía. Algunas de las personas que están actualmente en tu vida puede que no entiendan lo que estás creando. Incluso aquellos que te aman, te pueden decir, con las mejores intenciones, «baja la velocidad», «tómate tu tiempo», o «sé realista». Puede que tengan muy buenas intenciones en el corazón, pero de todas maneras este tipo de pensamiento te mantendrá atado.

Otras personas puede que simplemente sean negativas y te den todas las razones del mundo por las cuales no puedes obtener tu visión. Estas personas pueden ser muy cercanas, pero son tóxicas. Para muchos de ellos, tú puedes representar el valor que ellos no tienen, y la persona que no están dispuestos a llegar a ser. Protégete, protege tu visión y protege tus emociones cuando estés en presencia de ellos. Esto no significa que no pueden estar en tu vida, pero sabe que son peligrosos para tus sueños.

En el camino hacia el éxito, puede que tengas que hacer muchos cambios. Puede que tengas que realinear algunas de tus relaciones e incluso empezar a pasar tiempo en lugares diferentes, pero las recompensas son enormes. Encontrarás nuevos amigos y nuevos lugares a donde ir. Si te adhieres a los mejores estándares, la gente y los lugares en tu vida comenzarán a reflejar estos nuevos estándares. La gente exitosa invariablemente pasa tiempo de calidad con otra gente exitosa. Se afilian a los mismos clubes e iglesias, van a las mismas funciones e incluso comen en los mismos restaurantes.

No te puedes dar el lujo de ser casual con tus asociados y tus relaciones. Son una influencia enorme sobre tu éxito. Necesitas tomarlos muy en serio y considerarlos con tu visión en mente. Las personas son los portales a través de los cuales pasamos hacia posiciones de poder y liderazgo.

## PODER ASOCIATIVO

Todas las cosas son posibles para ti, especialmente cuando tienes lo asociados adecuados. Una pareja que conozco se enamoró de una casa costosa mientras estaban de vacaciones en Phoenix. Valía varios millones de dólares y sabían que no podían calificar para el préstamo. Sin desanimarse, continuaron con fe, apoyándose en la fuerza de sus asociados.

Recabaron con sus amigos ideas sobre cómo comprar esta casa de sus sueños. Así, idearon un plan para recaudar el dinero para el enganche a través de su red de asociados, a quienes les devolverían el dinero una vez que concretaran un negocio que finalizarían en unos pocos meses. Obtuvieron la casa de sus sueños; pero éste fue sólo el comienzo de lo que lograron por medio de su red.

Esta pareja creía que ellos eran almas gemelas y deseaban compartir esa idea con la gente. Dentro de su red encontraron otras personas que también estaban interesadas en escribir un libro acerca de almas gemelas y uno de ellos sugirió que el título del libro debería ser Sopa de pollo para almas gemelas. Las cosas levantaron vuelo, y antes de que se dieran cuenta estaban hablando con los autores del exitoso libro Sopa de Pollo para el Alma.

Su libro ahora se publica bajo otro título de Sopa de pollo y una vez más se han dado cuenta que los asociados son uno de los bienes más valiosos que alguien pueda tener. La cuestión no es siempre a quién conoces, sino a quién conocen tus asociados.

RELACIONES SOCIALES Y DE NEGOCIOS

Todos necesitamos ver y tocar la grandeza en otra gente. Necesitamos estar rodeados de gente que crea en nosotros, nos inspire y nos motive en pos de nuestras visiones.

En seminarios, con frecuencia le sugiero a la gente que responda una serie de preguntas para obtener claridad acerca de la clase de individuos que desean atraer a sus vidas y la clase de relaciones que desean cultivar y desarrollar. Las preguntas acerca de asociados de negocios y sociales son similares, pero ligeramente diferentes. Tómate un tiempo para ver qué clase de relaciones deseas cultivar. Luego considera lo que puedes hacer para profundizar esas relaciones.

CÓMO SELECCIONAR TUS ASOCIADOS DE NEGOCIOS

- Haz una lista de las personas con quien actualmente pasas la mayor parte de tu tiempo por razones de negocios.
- De esta lista —y otras personas que no estén en ésta—, ¿como quién aspiras a ser?
- ¿Cuáles de estas relaciones quisieras cultivar?
- ¿Qué harás, específicamente, para crear o profundizar estas relaciones? ¿Para qué fecha?
- ¿Qué harás para ayudar a esta gente? ¿Darles una idea específica acerca de un negocio? ¿Un referido?

- Haz una lista de las personas con quienes socializas actualmente. ¿Con quién vas al cine o sales a cenar?

- De esta lista —y otras personas que no estén en ésta—, ¿cómo quién aspiras a ser?

- ¿Cuáles de estas relaciones quisieras cultivar? Si toda la gente en la lista es como tú, considera relacionarte con personas de diferente raza, sexo, religión, industria o vecindario.

- ¿Qué harás, específicamente, para crear o profundizar estas relaciones? ¿Para qué fecha?

- ¿Qué harás para ayudar a esta gente? ¿Para cuándo?

## MENTORES

Los Mentores son gente que ya ha obtenido el nivel de éxito que quieres y a quienes puedes acudir para conseguir orientación y perspicacia. Tener un mentor es una de las asociaciones más potentes que puedes tener. Cuando trabajas con un mentor, incrementas el nivel y la velocidad de tu éxito. Todos los individuos exitosos han tenido poderosos maestros.

Yo he tenido mentores desde que era muy joven, y ellos han sido algunas de las fuerzas más poderosas y significativas en mi vida. Han reducido mi curva de aprendizaje de manera exponencial, y tengo la certeza que encontrar un mentor es una de las mejores cosas que puedes hacer por ti mismo y por tu éxito. Puedes triunfar sin un mentor, pero te puede tomar el doble de tiempo y esfuerzo.

Los mentores ya han estado donde tú vas. Saben lo que funciona y lo que no funciona. Te pueden decir, basados en su experiencia, qué hacer y qué no hacer. Han cometido los errores y caído en los baches, por eso te pueden decir cómo evitar problemas.

He aquí algunas preguntas que te pueden ayudar a seleccionar un gran mentor:

- Haz una lista de toda la gente que deseas conocer y emular. ¿Quiénes son los expertos en tu campo? ¿Quién tiene la Riqueza en armonía que quisieras obtener? ¿De quién te gustaría recibir algunos consejos acerca de cómo ser mejor padre? Haz una lista de seis personas que han alcanzado lo que deseas alcanzar en las diferentes áreas de tu vida. Selecciona dos o tres que podrían ser tu mentor.

- ¿Qué tiene que suceder para que puedas conocer esta gente? ¿A quién conoces que los conoce a ellos? Con frecuencia se dice que estamos a sólo cinco personas de poder conocer a cualquier persona en el mundo. ¿Quién te podría ayudar a conocer esta persona? ¿A quién puedes llamar? ¿Qué acción inmediata te comprometes a tomar para conocer estas personas? ¿Para qué fecha específica?

- ¿Qué puedes hacer para forjar una relación con tu(s) futuro(s) mentor(es)? ¿Para cuándo lo harás?


Ahora ya tienes excelentes personas en tu lista de asociados de negocios, relaciones sociales y mentores. Has hecho compromisos importantes contigo mismo. ¿Qué sigue ahora?

Para ser capaz de establecer la relación que quieres tener con esta gente, debes ser capaz de comunicarte con ellos de manera efectiva. En cada área de la vida, lo que te hace más exitoso es ser un comunicador experto.

## CÓMO LLEGAR A SER UN COMUNICADOR EXPERTO

Lo importante en la vida son las relaciones. De acuerdo con la Ley de Relatividad, nada es real hasta que lo relacionamos con algo más. No importa en qué arena —negocios, comités, organizaciones, asociados sociales, asociaciones de vecinos, relaciones románticas o conexiones familiares—, todo depende de cómo nos relacionemos con los demás.

Las relaciones se forjan sobre la compenetración, que significa estar en la misma vibración que la otra persona. Para forjar asociaciones efectivas, debemos ser capaces de establecer compenetración lo antes posible. La compenetración se compone de comunicación, características comunes y conexión. Necesitamos ser capaces de enviar nuestro mensaje claramente. Debemos tener algo en común con la otra persona y necesitamos alcanzarla y tocarla de alguna manera.

Cuando establecemos compenetración con alguien, nos comunicamos en tres niveles: físico, intelectual y espiritual. Esto sucede sin importar si las relaciones son personales o profesionales, si es en ventas, liderazgo, finanzas o del otro lado de la verja de la casa. Veamos cada uno de estos tres niveles de comunicación.

El intelecto o mente consciente, se comunica por medio de palabras, ademanes o por escrito. En la medida que establezcas características comunes en estas formas, puedes establecer compenetración. Ambos comienzan a pensar: «Esta persona es como yo». Esto abre las puertas a niveles de comunicación más profundos.

He aquí como funciona. Considera por un momento cómo te sientes cuando estás rodeado de tus mejores amigos, tus familiares y asociados de negocios. ¿Existen ciertas palabras que ustedes utilizan con frecuencia? ¿Hay una cierta manera de decirse las cosas? ¿Hay un cierto tono que usan? ¿Hay ademanes que usan con frecuencia y son una especie de código entre ustedes? ¿Alguna vez has notado que estás hablando como alguien más cuando estás cerca de esta persona por cierto tiempo? ¿Tienen pequeñas bromas o nombres en código? ¿Se contagian las jergas los unos con los otros? Este tipo de cosas suceden cuando se establece compenetración a nivel consciente.

La próxima vez que vayas a un restaurante, observa cómo platica la gente en las mesas a tu alrededor. Es obvio que algunos están muy conectados, en profunda compenetración. Están sentados de manera similar, realizan los mismos ademanes y probablemente hablan con el mismo volumen y la misma velocidad.

Puedes profundizar conscientemente tu compenetración con los demás si imitas sus palabras clave, su voz, tono y ademanes. Por ejemplo, si la persona con la que estás interactuando habla suave y lentamente, lo más seguro es que no forjes una buena conexión si hablas fuerte y rápidamente. Esto no es manipulación. Tu intención es forjar una relación y estás estableciendo compenetración a fin de crear energía positiva con otro ser humano. Todo el tiempo estamos usando estas técnicas para conectarnos con la gente. Los comunicadores expertos simplemente son más conscientes, rápidos y efectivos.

El nivel inconsciente de compenetración funciona a través de la vibración y la emoción. Este es el nivel de los sentimientos. Quizás algunas veces no puedas explicar por qué te cae bien otra persona; es simplemente una sensación o una emoción que tienes. Te sientes confortable al estar cerca de esa persona y bajas la guardia. Cuando se establece este lazo, se forja una confianza profunda entre ustedes. Sus mentes inconscientes se abren ampliamente. Este es el nivel más profundo de compenetración.

El cuerpo físico se comunica con ademanes y acciones. Una vez más, las características comunes abren la puerta a niveles de compenetración más amplios y profundos. Los ademanes y el lenguaje corporal son tan importantes que nos afectan a nivel físico y a nivel consciente o intelectual. La manera en que movemos nuestro cuerpo puede ser más potente que las palabras que seleccionamos o el tono en el que las decimos.

De hecho, los científicos del comportamiento nos dicen que 55% de lo que comunicamos se transmite por medio de nuestros cuerpos. El tono aporta el 38% y las palabras aportan sólo el 7%. Si te parece difícil de creer, considera esto. ¿Alguna vez alguien te ha dicho algo y, por alguna razón desconocida, no le creíste? No pudiste identificar exactamente qué fue, pero algo en su manera de comunicarse simplemente no encajaba. Cuando esto me sucede, es porque algo en el tono o el movimiento corporal no es congruente con lo que la persona está diciendo. Nuestro factor intuitivo percibe este mensaje, y no creemos ni confiamos en la otra persona.

Los comunicadores expertos envían el mismo mensaje en todos los niveles: consciente, inconsciente y físico. Sus mensajes son totalmente congruentes. Con tus asociados más cercanos y tus amigos, probablemente no notes que tienes ademanes, acciones, palabras, energía o vibraciones similares. Estas cosas simplemente suceden. Puedes profundizar tu compenetración con personas nuevas si creas estas mismas características comunes en las palabras, el tono, ademanes y acciones, pero puedes hacerlo de manera consciente.


## LA COMUNICACIÓN ES VIBRACIÓN

Yo aprendí mucho acerca de la comunicación de mi madre, quien es una experta en comunicarse por medio de la vibración y la emoción.

Siempre que algo sucede en mi vida —un momento difícil en los negocios, dificultad para enfocarme o pensamientos negativos que se apoderan de mi mente— el teléfono suena y es mi Mamá. No tengo que decirle nada. ¡Ella sabe! Ella es extremadamente sensible a las vibraciones. Ella se sintoniza con ellas y sigue su intuición.

¿Alguna vez te ha pasado que estás pensando en alguien y de repente suena el teléfono y esa persona está al otro lado de la línea? Es la Ley de Vibración en acción. Los pensamientos de la otra persona están en compenetración con tu mente inconsciente, y estás recibiendo esas vibraciones a través del tiempo y del espacio.

Vibración y emoción son las más profundas formas de comunicación, y los expertos se aseguran que sus palabras, tonos y acciones estén acordes con la vibración que están enviando.

Tus relaciones son tu futuro. Éstas guiarán e inspirarán tu éxito, si se lo permites y las cultivas.

1. Nadie puede alcanzar el éxito solo.

2. Selecciona asociados personales y de negocios que sean personas como las que te gustaría llegar a ser, y ponte en la vía rápida por medio de tener un mentor.

3. Usa comunicación experta a nivel consciente, inconsciente y físico, para establecer compenetración y forjar relaciones profundas.

4. La gente exitosa no compite, sino crea.

# EL PODER DE **DAR**

«Nos ganamos la vida con lo que obtenemos.
Forjamos nuestra vida por lo que damos.»
WINSTON CHURCHILL

EL PODER DE LOS ASOCIACIONES NOS LLEVA NATURALMENTE al quinto Principio de Poder: el Poder de Dar.

Los grandes líderes del mundo, las personas que obtienen grandes logros y las personas exitosas siempre han sido los más grandes donantes. Napoleón Hill dijo: «Induciré a los demás a servirme, debido a mi voluntad para servir a los demás.»

Ralph Waldo Emerson dijo: «Nadie puede ayudar sinceramente a su prójimo sin ayudarse a sí mismo.»

Jesús dijo: «El que es el mayor de vosotros, sea vuestro siervo.»

### EL REGALO MÁS GRANDE

Una de las mejores maneras de apreciar el Poder de Dar, es recordar cómo se siente cuando alguien te ha dado.

En 1995, mudé mi negocio de Atlanta a San Diego. Fue una mudanza importante, pero tener nuevos empleados, nueva oficina, muebles y equipo cuadruplicó mis gastos mensuales. Había firmado dos grandes contratos de consultoría que cubrirían todos los gastos; pero tan pronto comenzaron a llegar las cuentas, de repente mis dos clientes decidieron que no harían ningún tipo de entrenamiento el año siguiente y cancelaron sus contratos. En ese momento no tenía programada ninguna presentación para hablar en público o consultoría en mi calendario y estaba recibiendo muy poco dinero de mi trabajo anterior, y las fechas de pago de mis cuentas se estaban acercando. Definitivamente me encontraba en una situación donde se me pedía practicar lo que predicaba, ejercitar mi fe y practicar los principios que enseño.

Caminé hacia mi casilla de correos en una mañana particularmente triste y difícil, y entre las cuentas encontré un sobre muy grande. Probablemente una cuenta muy grande, pensé.

Enseguida me di cuenta que era de uno de mis amigos cercanos en St. Louis. Dentro, encontré un gran papel con dibujos de crayones de mi casa y yo, que sus hijos habían hecho. «James, te extrañamos» decían los garabatos a lo largo del papel. Mi amigo me había escrito una carta magnífica y muy estimulante que incluía un poema sobre cómo «Los retrasos de Dios, no son las negativas de Dios». Él había adjuntado un CD con la canción de Elton John, Blessed. Sentado en mi sala escuchando esa canción, comencé a llorar. Accedí a recibir ese regalo que venía directamente del corazón. Nunca había recibido un regalo más precioso y oportuno, y me di cuenta de la intención que contenía; los sentimientos de amor que claramente lo acompañaban, eran aún más importantes que el mismo regalo.

El regalo de mi amigo me puso de nuevo en el camino. Me di cuenta que me había dejado atrapar en lo que no quiero, en lugar de enfocarme en mi visión y en todas las cosas maravillosas que se habían originado con mi cambio. Él dio sin esperar nada a cambio y será bendecido por eso. Exploremos de manera más profunda cómo funciona este principio.

## CAUSA Y EFECTO: EL PRINCIPIO BUMERANG

La Ley de Causa y Efecto dice que cada efecto tiene una causa y cada causa tiene un efecto. Se puede enunciar también como El Principio Boomerang, el cual dice que: lo que echas al universo regresa a tu vida. Si das mucho, obtienes mucho. Si das poco, obtienes poco.

El problema es que mucha gente da poco y espera mucho a cambio.

Como esto nunca les funciona, siempre están decepcionados.

Dar es uno de los principios más poderosos de la Ciencia del Éxito, por dos razones:

1. Si proporcionas gran servicio y valor a los demás, recibirás mucho a cambio.

2. Dar es una de las maneras más rápidas de plantar nuevas ideas y nuevas realidades de abundancia en tu mente inconsciente. Cuando das, le dices a tu mente inconsciente que tienes más que suficiente y que vives en abundancia total. No tienes que acumular o resguardar cuidadosamente lo que tienes, ser tacaño o retener de ninguna manera. Siempre puedes atraer más de lo que necesitas —en cualquier momento y de una fuente de suministro ilimitado.



## EL BUMERANG EN ACCIÓN

El relato de la compañía de mudanzas Graebel, tomada del libro de Eric Fellman, *The Power Behind Positive Thinking*, es una gran ilustración del principio bumerang.

La compañía de mudanzas Graebel estaba creciendo rápidamente, y finalmente adquirió su primer contrato por un millón de dólares. Iban a mudar una gran compañía de una ciudad a otra. Era la mudanza más grande que Graebel había hecho. El director ejecutivo David Graebel invirtió en seis camiones nuevos y contrató personal adicional para ayudar en las labores de empaque, carga y manejo. Realizó cambios importantes en la compañía para acomodar ese esfuerzo monumental. Dos días antes de la mudanza, David recibió la que él llama «la peor llamada telefónica de mi carrera». El presidente de la gran compañía le dijo: «El próximo lunes vamos a declararnos en bancarrota y pedir la protección del Capítulo 11, y no vamos a poder honrar nuestro contrato.»

David se sentó en su escritorio, aturdido. El mundo parecía desmoronarse a su alrededor. Finalmente se le ocurrió un plan. Las noticias de la cancelación del contrato se esparcieron como fuego en la compañía, y David solicitó una reunión de emergencia con sus seis gerentes de ventas regionales. Arribaron a la oficina central en una nube de ruina.

David inició la reunión diciendo: «¡No es fantástico! ¡Qué gran oportunidad tenemos!» Los gerentes de ventas se miraron unos a otros de forma cautelosa, pero David continuo impertérrito. «¿No se dan cuenta que hace apenas unos años, teníamos sólo unos cuantos camiones operando en Wausau, Wisconsin y escasamente teníamos dos centavos al final de cada mes? No hace mucho, un millón de dólares era más de lo que ganábamos en todo el año. Y, henos aquí; hemos perdido un contrato de un millón de dólares en un día, ¡y aún estamos en operaciones! Es más, nos va tan bien que podemos darnos el lujo de ponerlos a todos ustedes en un avión para que vengan aquí a trabajar en el problema.»

Después de una lluvia de ideas acerca del asunto, el grupo decidió que iban a mudar la enorme compañía, como lo habían planeado. El presidente de la compañía no lo podía creer cuando David le dijo: «Estamos más interesados en tenerlo a usted como nuestro cliente a largo plazo que en realizar un solo trámite lucrativo. Vamos a mudarlo justo como lo habíamos planeado. Le enviaremos nuestra cuenta y nos pondremos en fila con todos los demás acreedores.»

La mudanza fue un éxito total. Las noticias del esfuerzo de Graebel se esparcieron, y dentro de los nueve meses siguientes habían generado cerca de un millón de dólares en nuevos contratos. También les habían pagado el 30% del costo de mudar la compañía grande.

Graebel dio generosamente a la compañía grande, porque sintió que era lo correcto, y el Principio Bumerang le retornó de fuentes distintas a las que él había dado.

Dos años después, el presidente de la compañía grande llamó a

David y le dijo: «Hace un par de años, yo lo llamé con muy malas noticias. Hoy quiero ser el primero en llamarlo con muy buenas noticias. El próximo lunes anunciaremos que estamos saliendo del Capítulo 11. A pesar de estar libres de nuestras obligaciones legales, vamos a trabajar muy duro para pagar en el próximo año el 100% del saldo que le debemos. Su trabajo fue clave para que nos pudiésemos recuperar tan rápidamente.»

Al dar, Graebel atrajo más bien del que se pudo haber imaginado.

## CÓMO USAR LAS LEYES DE ATRACCIÓN Y VIBRACIÓN

Dar no sólo pone en movimiento la Ley de Causa y Efecto, también activa la Ley de Atracción. Esta ley afirma que el bien que das tiene que regresar a ti. Si das una fortuna en valor a la gente, es absolutamente apropiado que colectes una fortuna a cambio.

Algunas personas son renuentes a cobrar lo que realmente merecen, especialmente cuando están ofreciendo mucho valor. Esta actitud es parte del viejo y limitante pensamiento: «el dinero es malo» o «no soy digno» o el temor que si cobran lo que valen, nadie va a ser capaz de pagarles. Estos dos pensamientos son incorrectos. Restringen tu habilidad para recibir y la habilidad de los demás para dar.

Recuerda la frase de George Bernard Shaw: «Es un pecado ser pobre.» En nuestro mundo, ser pobre significa que no estás dando suficiente valor a los demás. El otro lado de la moneda es que nos metemos en problemas por cobrar una fortuna por lo que hacemos, pero no le proporcionamos a la gente una fortuna en valor.

Decide cobrar y aceptar cada centavo de lo que vales y proporcionar más valor de lo que pides a cambio.

## LOS TRIUNFADORES SIEMPRE PROPORCIONAN DIEZ VECES MÁS VALOR

Los triunfadores siempre dan diez veces más valor de lo que piden a cambio.

El papel y la tinta de los que está hecho este libro puede que no valgan la cantidad que pagaste, pero los conceptos que contiene valen una fortuna. Y cuando aplicas estos conceptos consistentemente, impactarán tu vida para siempre.

La gente exitosa proporciona diez veces más a sus clientes o las personas con quienes interactúan de lo que piden en compensación monetaria. ¿A quién no le gustaría trabajar con alguien o estar cerca de alguien así? Sin importar la inversión, sus clientes y asociados sienten que lo recibido vale más de lo que ellos pagaron. De hecho, los clientes de los verdaderos triunfadores con frecuencia sienten que no pagaron lo suficiente por lo que recibieron.

Por esta simple razón, tu negocio será un gran éxito si entiendes y utilizas el Poder de Dar. A la gente le encanta decirles a sus amigos cuando obtienen gran valor, por eso los triunfadores obtienen muchos referidos y no tienen que hacer tanta promoción como los demás. Cuando alguien te da gran valor, ¿acaso no sientes el deseo de contárselo a las personas que aprecias? ¿No enviarías uno de tus familiares con alguien que te trató bien y manejó tu asunto con pasión y excelencia, y te dio diez veces más de lo que pidió a cambio?

EL FACTOR HOWARD

Howard es un gran ejemplo de cómo proporcionar diez veces más valor. Lo conocí por primera vez en Wolfgang Puck's, el restaurante de fama mundial en San Diego, donde él era el gerente.

Esa noche, una mesera apurada derramó parte de una ensalada sobre mi camisa. Howard llegó a mi lado en el acto. Se disculpó y me pidió que le enviara la cuenta de la tintorería. ¡Incluso ofreció reemplazar la camisa, si fuese necesario, y se hizo cargo de la cuenta de una cena para cinco personas!

Pocas semanas después, regresé a Wolfgang Puck's. Howard me reconoció y nos mostró nuestra mesa inmediatamente. Esa noche se hizo cargo de la cuenta de una cena para dos personas, y después en esa semana recibí un cheque por la tintorería, además de un certificado de regalo por $25 para cenar en Wolfgang Puck's.

Howard invirtió mucho para mantenerme como cliente, más que el costo de limpiar mi camisa que era lo que me «debía». Pero, ¿qué ganó a cambio? Yo sigo yendo a su restaurante y todo el tiempo estoy refiriendo gente. Lo he mencionado en este libro y es reconocido en todo el país cuando cuento su historia en mis presentaciones. Eso vale mucho más que algunas comidas gratis y la cuenta de la tintorería.

Howard nunca pidió nada a cambio por lo que dio, pero las diez veces más en valor que dio, le regresaron a él multiplicadas por diez.

### DAR NO ES CANJEAR

Dar es ofrecer algo a alguien por el simple gozo de contribuir. Canjear es ofrecer algo con la expectativa de obtener algo a cambio.

Cuando la gente no experimenta el verdadero gozo de dar o los retornos que son inevitables cuando se da, con frecuencia se debe a que en vez de «dar», están canjeando. Tienen la intención oculta de obtener algo a cambio, preferiblemente en la misma cantidad o más de lo que dieron inicialmente. Canjean su amor, su amistad, sus regalos o servicios esperando algo a cambio, por lo general de manera inmediata y de la misma persona a quien ellos le «dieron». En realidad no han dado, y por eso rara vez reciben algo a cambio. Esto sucede con frecuencia en las relaciones. Eso que llamamos «amor» realmente puede ser canje si alguien está pensando: «te daré esto, si tú me das eso a cambio.»

Otra gente simplemente «da» porque piensa que eso es lo que se espera de ellos. Considera las fiestas en tu familia. ¿Algunos miembros de tu familia compran regalos simplemente porque piensan que alguien les va a dar algo? En realidad no quieren dar, sólo les preocupa no verse mal si obtienen un regalo sin dar nada a cambio.

Esto tampoco es dar. Para ellos, eso es no querer pasar vergüenza o ser juzgado.

Cuando se da verdaderamente, sale del corazón. El regalo no tiene que ser grande o detallado. Sólo tiene que salir del corazón. El retorno con frecuencia viene a ti en formas misteriosas e inesperadas, y de una fuente totalmente diferente a la que diste.

Los verdaderos triunfadores entienden la Ley de Dar y tienen fe que funcionará. Saben que si dan, recibirán —pero no es por eso que dan. Ellos dan por el gozo absoluto de ayudar a los demás y proporcionar algo de valor. Para la gente más exitosa, dar, en sí, es la recompensa misma.

¿Cómo le puedes dar más a la gente en tu vida? ¿Cómo puedes dar diez veces más valor que lo pides a cambio? Haz una lista y sé específico y creativo.



Si quieres atraer algo nuevo a tu vida, debes tener espacio disponible para recibirlo. Nada puede llegar a tu vida, a menos que exista el espacio respectivo. La naturaleza detesta el vacío. Si abres un espacio, algo vendrá para llenarlo.

Puedes probar fácilmente este principio si vas a tu patio y cavas un hoyo. ¿Qué sucede? No pasará mucho tiempo antes que el hoyo comience a llenarse. ¿Por qué? La naturaleza llena el vacío dejado. Cuando escucho: «La naturaleza detesta el vacío» recuerdo el mostrador de mi cocina. Lo limpio y se ve fabuloso. Absolutamente inmaculado. Pero nunca se queda así por mucho tiempo. Es lo mismo con mi escritorio. Lo limpio y en pocos días el correo comienza a acumularse. Libros y otras cosas comienzan a acumularse encima de éste. El punto es que cualquier cosa que dejamos vacía, empieza a llenarse.

Una maravillosa historia de la Biblia nos muestra la diferencia entre desear algo y estar preparado para recibirlo. Cuando Moisés guiaba a su pueblo fuera de Egipto, se encontraron perdidos y deambulando, sin agua y sin lluvia a la vista. El pueblo vino donde Moisés, suplicando que intercediera ante Dios. Moisés les dijo tranquilamente que oraran pidiendo lluvia. Ellos oraron; pero la lluvia no apareció. Regresaron donde Moisés y le dijeron: «Nuestras oraciones no funcionan. ¿Dónde está la lluvia?»

Moisés les respondió: «¿Dónde están las zanjas?»

El pueblo, confundido, dijo: «No entendemos. Necesitamos lluvia.»

Moisés repitió: «¿Dónde están las zanjas? Si en realidad ustedes creyeran que Dios nos iba a enviar lluvia, ¡ya hubieran cavado las zanjas!»

Para recibir todo el bien que desea tu corazón, debes creer y estar preparado para recibirlo. Y debes crear un espacio que será llenado cuando éste llegue.

Esta es en realidad la parte divertida. Considera cómo puedes crear vacíos en tu vida —grandes o pequeños— para albergar lo bueno que ya está en camino hacia ti. No hay mejor manera de enviar un mensaje de abundancia al universo y a tu mente inconsciente que deshacerte de todas las cosas que ya no te sirven y que ya no representan lo que eres. ¿A qué te estás aferrando que ya no te sirve?

## LIMPIEZA AL VACÍO

Limpiar tu clóset y regalar lo que ya no usas es una gran manera de crear espacio para tu bien y disfrutar del placer de dar al mismo tiempo. Cada prenda de vestir que regalas abre espacio para las cosas que sí te sirven y representan lo que eres.

¿Cuántos trajes viejos, faldas, pantalones, blusas o zapatos tienes en tu clóset, que ya no te son de utilidad? ¿Cuáles no son adecuados para tu nuevo paradigma o tu visión? Sin embargo, cuando vas a tu clóset y comienzas a sacarlos, puedes pensar: «Bueno, quizás regrese esta moda.» Yo lo he hecho. El problema es que le estás enviando el mensaje a tu mente inconsciente que si los regalas, no vas a ser capaz de reemplazarlos. Ese es un mensaje de escasez.

¿Por qué no enviar un mensaje de abundancia a tu inconsciente? Dite a ti mismo que si algo ya no te sirve, puedes darte el lujo de deshacerse de esto y abrir el espacio para recibir algo mejor. Tienes acceso a un suministro ilimitado, de manera que puedes reemplazarlo en el momento en que lo desees. Sabes que todo proviene de una sola fuente, y puedes tener acceso a esa fuente siempre que quieras.

¿Qué puedes hacer con esas ropas viejas? ¿Venderlas? ¿Malbaratarlas en una venta de garaje? No, las regalas. No necesitas dinero por éstas. Puedes reemplazarlas en el momento que quieras, valiéndote de tu fuente de suministro ilimitado.

Ve a tu clóset, encuentra todo lo que no has usado en el último año —esos pantalones bota-campana a cuadros o quizás esos zapatos de plataforma— cualquier cosa que ya no te quede bien. Toma esa ropa vieja y regálala. Si son «diez libras más pequeñas» para ti o si no te las pondrías ni muerto, simplemente regálalas. Dáselas a alguien que obtenga valor y placer de éstas.

Una vez fui a mi clóset y vi varios zapatos que estaban como nuevos, pero que no había usado en mucho tiempo. ¡Los regalé y me sentí fabuloso! No había pasado mucho tiempo antes de que tuviera zapatos nuevos y que mi clóset se volviera a llenar. Disfruté dándoselos a gente que los necesitaba y los apreciaba más que yo. Lo disfruté mucho y eso es parte del proceso de dar.

Recientemente la mujer que cuida de las plantas en mi casa, mencionó que uno de sus amigos se había mudado y estaba buscando muebles. Le pregunté espontáneamente: «Oye, ¿necesita él un sofá?»

—Que coincidencia; sí lo necesita —respondió ella.

—¿Crees que le gustaría este? —le pregunté, señalando el sofá en mi estudio.

—Seguramente le gustaría —respondió ella. —¿Cuánto quiere por él?

—Se lo regalo —le dije. —Si él se encarga de llevárselo, es suyo.

Regalar ese sofá creó un enorme vacío en mi estudio y antes de dos semanas tenía un nuevo sofá, que me gusta muchísimo y gozo tremendamente.

La Ley del Vacío para la Prosperidad no solamente aplica a armarios y sofás. Puedes usarla para atraer todo lo bueno en cada área de tu vida. ¡Pruébala haciendo tu propia «limpieza al vacío»!

ESCASEZ O ABUNDANCIA

La actitud de la gente en cuanto a dar refleja si piensan en términos de abundancia o en términos de escasez. Hemos visto como todos los grandes triunfadores han sido los que mejor dan, y que dar es la mejor manera de enviar un fuerte mensaje de abundancia al universo.

La gente que tiene una mentalidad de escasez siempre siente que se debe aferrar a las cosas. Piensan que deben amontonar y acaparar. Con frecuencia sólo piensan en sí mismos, y no es sorpresa que sea eso lo que obtienen, debido a la Ley de Atracción. Las cosas similares se atraen. Los acaparadores siempre están temerosos de perder lo que tienen y eso es lo que les sucede con frecuencia. Por otro lado, aquellos que dan, sólo atraen más cosas buenas. Lao Tzu dijo una vez: «Para tomar, primero debes dar.»

¿Cuál es tu mentalidad: escasez o abundancia? Una mentalidad de abundancia dice que todo en el universo proviene de la misma fuente de suministro y que ese suministro es ilimitado. Tú y cada persona que conoces pueden ser millonarios, y aun así habrá muchos miles de millones más en circulación. Tú y cada persona que conoces pueden crear la vida de sus sueños, y esto no le impedirá a nadie más ser feliz. Tú puedes ser, hacer y tener todo lo que quieras, y aun así habrá abundancia de bien para cada persona en la Tierra. En realidad no hay nada que se pueda perder, excepto la oportunidad.

He aquí algunas preguntas que puedes hacerte para que empieces a poner a tu disposición el Poder de Dar:

- ¿Cómo puedes dar más en tu vida profesional? Considera maneras en la que puedes tener un impacto positivo en tu jefe, tus compañeros, tus clientes y tus proveedores. ¿Qué cosas específicas les puedes dar a estas personas?
- ¿Qué harás, específicamente, y para cuándo?
- ¿Cómo puedes dar más en tu vida personal —a tu familia, a tus amigos y a ti mismo?
- ¿Qué harás, específicamente, y para cuándo?
- Por último, haz una lista de las razones por las cuales estos compromisos son de vital importancia para tu éxito.

Dar es una de las cosas más poderosas que puedes hacer por ti mismo. Winston Churchill dijo: «Nos ganamos la vida con lo que obtenemos. Forjamos nuestra vida por lo que damos.»

1. El Principio Bumerang te retorna todo lo que das, y más.

2. Los triunfadores dan diez veces más en valor que lo que piden a cambio. Ellos dan en lugar de canjear, y contribuyen a los demás de corazón.

3. A fin de hacer espacio para el bien que deseas, crea un vacío regalando las cosas que ya no te sirven.

4. Adopta una actitud de abundancia, y no contemples pensamientos de escasez.

# EL PODER DE LA **GRATITUD**

> «Cuando te sientes agradecido, te vuelves grande,
> y con el tiempo atraes cosas grandes.»
> PLATÓN

EL PODER DE LA GRATITUD ES EL SEXTO Principio de Poder en la Ciencia del Éxito. El gran estadista romano Marco Tulio Cicerón dijo: «La gratitud es la madre de todas las virtudes.»

La gratitud no es sólo la madre de las virtudes, es la madre de todos los beneficios de la vida. Atrae amor, salud, felicidad y prosperidad. Siempre que encuentres individuos realmente exitosos, encuentras gratitud en grandes cantidades. La gratitud crea un campo de atracción más poderoso que cualquier otro —una atracción tan fuerte que es inevitable que atraiga tu visión hacia ti.

El otro lado de esa moneda es que la falta de gratitud puede ser extraordinariamente deshabilitadora. Si no tenemos cuidado, podemos olvidar todo el bien que viene a nuestras vidas. Si concentras la atención en lo que no tienes en lugar de lo que sí tienes, haces que todo tu sistema se vuelva a un estado de desequilibrio y vibración negativa. De acuerdo con la Ley de Atracción, la gente desagradecida tiende a atraer y manifestar las mismas cosas que más temen y detestan: la escasez en todas las formas. Piensan acerca de la escasez y manifiestan escasez.

Para experimentar la gratitud continuamente, debes entender y creer tres verdades:

1. Tu situación actual es maravillosa y está mejorando.

2. Tu vida actual está llena de cosas por la cuales puedes ser agradecido.

3. Tus resultados actuales continuarán cambiando, creciendo y mejorando.

Veamos cada una de éstas.



De acuerdo con la Ley de Relatividad, nuestra realidad sólo es creada por comparación. Podemos ser agradecidos o desagradecidos por cualquier situación. Algunas personas pueden sentirse bendecidas y agradecidas por un salario de $70,000. Otros pueden sentirse insatisfechos con esa cantidad.

El hecho fundamental es que todos tenemos muchas cosas por las cuales ser agradecidos. Estamos vivos. La mayoría de nosotros tenemos conexiones con otra gente, suficiente para comer, un lugar para descansar y ropa sobre nuestros cuerpos. A fin de caer en un estado de ánimo de desagradecimiento, tenemos que olvidarnos de todas estas cosas y enfocarnos en la cantidad muy limitada de cosas con las que no estamos satisfechos.

Por ejemplo, tal vez no estés satisfecho con tus ingresos actuales. La única manera en la que puedes estar insatisfecho es compararlo o juzgarlo usando algún criterio arbitrario. No hay nada de malo en querer mejorar tus ingresos, pero no es útil pensar en la cantidad de dinero que ganas como mucho o poco. Puede no ser exactamente la cantidad que quieres, pero probablemente es substancial comparado con los $180 de ingreso promedio anual en Bangladesh. Cuando lo ves desde esa perspectiva, puede que cambien tus sentimientos al respecto.

Tu situación actual es la que tus pensamientos y acciones pasadas han causado que sea. No es ni buena, ni mala. Simplemente es. No tiene nada que ver con lo que tus ingresos serán en el futuro; no tiene significado real, excepto el significado que tú le asignes. Ya que puedes escoger ser agradecido o desagradecido, ¿por qué no seleccionar un estado de ánimo que comience a atraerte más bien? Una actitud de gratitud es uno de los imanes más poderosos en el universo. Úsala para atraer más de lo que quieres.

A medida que comienzas a estar agradecido activamente por todo lo bueno en tu vida, sabe que hay más bien en camino. Cuando envías estas vibraciones positivas de agradecimiento, no puede fallar.

TU VIDA ACTUAL ESTÁ LLENA DE COSAS POR LAS CUALES PUEDES SER AGRADECIDO

Para experimentar gratitud continua, es importante recordar que tu vida está repleta de cosas por las cuales puedes ser agradecido. Practica cada día recordar y quizás incluso enumerar todas las cosas por la cuales estás agradecido. Sabe que cualquier cosa que no te guste es sólo temporal —es meramente el resultado de tus pensamientos y acciones pasadas— que estás en proceso de cambiar.

La razón por la cual la gente no es agradecida, es porque niegan todas las cosas buenas que tienen actualmente y sólo se enfocan en las áreas que quieren mejorar. En cambio, enfócate en toda la riqueza que tienes ahora mismo en tu vida. Por ejemplo, considera tu vista. ¿Cuánto pagarías para recobrarla si la perdieras? ¿Cuánto valdría, si desapareciera, tu habilidad para caminar o correr? ¿Qué precio pagarías por amigos y familiares cariñosos y fieles? ¿Cuánto vale tu salud? ¿Cuánto pagarías para recobrarla si te fuese diagnosticada una enfermedad terminal? Si puedes ver, caminar, amar y levantarte de la cama por las mañanas, tu riqueza no tiene medida.

Para experimentar gratitud en las finanzas, sólo necesitamos recordar que la mayoría de nosotros vivimos en suntuosa opulencia, comparados con la mayoría del resto del mundo. Para experimentar gratitud por el proceso de la vida, sólo necesitamos recordar nuestras mentes maravillosas, que pueden entender las Súper-Leyes y comenzar a crear cualquier cosa que queramos. Podemos adquirir todos los libros y el conocimiento que queramos. Podemos obtener toda la educación que deseemos para crecer y expandirnos continuamente. Vivimos en un país que valora la libre empresa y en el cual podemos escoger cambiar nuestras carreras a nuestro gusto. Podemos perseguir nuestras pasiones sin interferencia y crear cualquier cosa que nuestras mentes y espíritus puedan soñar. Estas son vastas riquezas.

Una de las cosas que hago cada mañana es preguntarme: «¿Cuáles son las cosas por las que estoy agradecido hoy?» Es una pregunta más habilitadora que: «¿Por qué tengo que levantarme tan temprano?» o «¿Por qué no me dormí temprano anoche?» o «¿Por qué tengo que ir a trabajar hoy?» Te aliento a que te preguntes cada mañana, por treinta días: «¿Cuáles son las cosas por las que estoy agradecido hoy?» Te ayudará a recordar todas las cosas que aprecias en tu vida. Inténtalo ahora. ¿Cuáles son las cosas por las que estás agradecido hoy? Responde la pregunta en relación a tu salud, tus habilidades, tu negocio, tu familia y tus amigos.

He aquí otras preguntas para que consideres:

- ¿Cómo es que la falta de gratitud pone en marcha la Ley de Atracción para crear lo que no quieres en lugar que lo que sí quieres?

- ¿Cómo actúa la actitud de gratitud como una poderosa fuerza magnética para atraer grandeza a tu vida?

- ¿Cómo recordarás ser agradecido continuamente?

Recordar quién eres y lo que tienes a tu disposición te ayuda a ser agradecido por todos esos gloriosos regalos.

La tercera creencia importante en el Poder de la Gratitud es que tus circunstancias actuales son el resultado de tus acciones y pensamientos pasados. Ya que tus pensamientos están mejorando, tus resultados mejorarán también. ¡Los resultados que tienes hoy no representan tu futuro!

Cuando te hundes en pensamientos negativos y te vuelves desagradecido por tu situación actual, envías a tu inconsciente el mensaje: «No creo que mis sueños y visión están en camino. Lo que tengo es permanente y no va a cambiar o mejorar.» Esta forma de pensar se vuelve una profecía que conlleva su propio cumplimiento. Terminas manifestando tus peores temores: escasez y limitación. En cambio, planta semillas de gratitud, convicción y fe en el magnifico jardín de tu mente y verás esas semillas echar raíces.

Si realmente tienes fe y crees en tu habilidad para alcanzar el éxito, serás agradecido por adelantado. Y ser agradecido por adelantado cultiva tu fe y convicción. Tu mente inconsciente empieza a crear exactamente lo que pides y esperas.

Siempre manifestamos nuestros más grandes deseos por medio de la gratitud o nuestros peores miedos por la falta de gratitud. La ley funciona siempre —a nuestro favor o en contra nuestra. Tu idea principal siempre se manifestará en la realidad física.

## FE EN ACCIÓN

La gratitud activa el poder de la fe. Sabes que tu bien está en camino, por eso tu mente inconsciente pone en movimiento el universo para cumplir tu deseo. Puedes ver esta dinámica en acción cada día. Cuando conoces a alguien que es muy agradecido por todo lo que él o ella tiene, aun si sus circunstancias no son ideales, ¿qué mensaje recibes? Probablemente recibes una vibración positiva y la intuición de que esa persona tiene la confianza de obtener lo que él o ella quiere. ¿Acaso no te inspira a querer estar cerca de esa persona, e incluso contribuir a sus sueños y visión en todo lo que puedas? Eso es lo que yo llamo «fe en acción». La Biblia nos dice: «Cualquier cosa que pidas en fe, creyendo, recibirás.»

Cuando eres totalmente agradecido, tu inconsciente recibe el mensaje: «Puede que no me gusten mis resultados actuales, pero sé que no son más que el resultado de mi antigua forma de pensar. Ya que son temporales, puedo ser totalmente agradecido. Sé que el bien que quiero viene en camino a mi vida.»

Cuando vives en este estado de ánimo y te regocijas en gratitud, puedes relajarte y apreciar tu viaje en la vida. Tu nueva forma de pensar está atrayendo el bien que buscas y mereces. Puedes encontrar la belleza en cada persona, lugar, cosa y momento. La gente agradecida es gente poderosa, y es un gozo estar junto a ellos.

Por el contrario, la gente que no es agradecida por el bien que posee, tiende a generar una vibración negativa y atraer resultados negativos. Una de las personas en mi familia nunca mostró gratitud por los regalos que ella recibía. En navidad, ella tomaba sus regalos como si fuesen algo normal, y rara vez mostró algún tipo de aprecio o emoción. No pasó mucho tiempo hasta que todos en la familia perdieron el deseo de regalarle. Era más divertido comprar cosas para otros miembros de la familia que se emocionaban por recibir cualquier cosa que se les daba. Ya sea que estés tratando con un familiar o una persona que te sirve en un restaurante, la gratitud te trae el bien de regreso a ti.

La gratitud, más que cualquier otro estado de ánimo, nos mantiene conectados con nuestro bien. Cuando permanecemos en una actitud de gratitud, nos enfocamos en todo lo bueno que ya tenemos en nuestras vidas y, por ley, comenzamos a atraer más de lo mismo. La gratitud es la fe máxima.

Este principio te ayuda a convertir la actitud de gratitud en un hábito, que le da atención y aprecio a lo bueno en tu vida.

La Ley de Ritmo nos dice que todo en la naturaleza y en nuestras vidas está creciendo o está muriendo. Expresado de manera simple, esta Súper-Ley dice: «Crea o desintegra». Lo que no está creciendo, está muriendo. Siempre nos movemos en una dirección o en otra.

También sabemos que la forma de hacer crecer las cosas es dándoles energía y atención. Lo puedes ver hasta en las plantas de tu casa. Cuando les das energía y atención, florecen y crecen. Todo en la vida tiene un ferviente deseo de ser apreciado —desde las plantas hasta los animales y las personas. Lo que recibe energía y atención, crece.

El aprecio es uno de los niveles de atención más altos. Es un subconjunto importante y poderoso de la gratitud. Si no le damos atención y aprecio al bien en nuestras vidas, comienza a morir. Cuando le damos atención al bien que tenemos, crece. Es así de simple.

La mayoría de nosotros ha visto de primera mano que el aprecio es una de las mejores maneras de fortalecer nuestras relaciones. Cuando no apreciamos a nuestros cónyuges, hijos, familiares, asociados, amigos, e incluso a nosotros mismos, esas relaciones comienzan a morir. Responden de inmediato cuando les brindamos aprecio, así que necesitamos prestarles atención.

¿Quién necesita más atención y aprecio en tu vida? Es la gente con la que pasas más tiempo. Son tus hijos, los miembros de tu familia, tu cónyuge y la gente con la que trabajas diariamente. Desgraciadamente, a menudo éstas son las personas que tomamos más a la ligera. Un regalo una o dos veces al año no es suficiente. No son los grandes viajes o los grandes regalos los que hacen que la gente se sienta apreciada, son las cosas pequeñas que haces cada día. El verdadero aprecio no tiene que ser nada sofisticado o grandioso. Las cosas pequeñas que se hacen consistentemente y con el enfoque adecuado crean el mayor impacto.

Algunas de las maneras más fáciles de mostrar a los demás cuánto les apreciamos, son las que menos usamos. Un simple «gracias», cumplir las promesas, cortesías comunes, una tarjeta, pequeños recordatorios y comunicarse con frecuencia, son maneras en que puedes forjar tu relación con los demás. Comer bien, ejercicio, descanso y recreación son maneras importantes de forjar la relación contigo mismo.

Recuerda que nada en el universo se mantiene inmóvil. Todo es dinámico. Si no apreciamos nuestras vidas, relaciones y circunstancias, se están depreciando. He aquí algunas buenas preguntas que puedes hacerte:

- ¿Qué es lo que más aprecias acerca de tu cónyuge o tu pareja? ¿Qué harás para demostrarlo con más frecuencia y de manera más eficiente?

- ¿Qué es lo que más aprecias en tus hijos? ¿Qué harás para demostrarlo con más frecuencia y de manera más eficiente?

- ¿Qué es lo que más aprecias de tu familia? ¿Qué harás para demostrarlo con más frecuencia y de manera más eficiente?

- ¿Qué es lo que más aprecias de sus amigos más cercanos? ¿Qué harás para demostrarlo con más frecuencia y de manera más eficiente?

- ¿Qué es lo que más aprecias acerca de tu salud? ¿Qué harás para demostrarlo con más frecuencia y de manera más eficiente?

- ¿Cómo crees que ese aprecio atraerá más de lo que quieres a tu vida?

- ¿Por qué la gratitud y el aprecio son partes vitales en la consecución de tu visión?

¿Recuerdas la filosofía de «la grandeza de las cosas pequeñas»? Esto también es cierto para el aprecio.

Siempre he tratado de hacer que mis clientes sientan que ellos son los más importantes del mundo y parte de ello es mantenerme en contacto con ellos de maneras creativas. Sólo toma un poco de tiempo y consideración, y bien vale el esfuerzo para mí y para ellos. Algunas de las formas en las que me conecto con ellos son: tarjetas escritas a mano (mis favoritas), correo electrónico, el detalle de un regalo y llamadas telefónicas. La clave del aprecio es ser original y sincero. Una llamada de «lo único que quiero es que seas mi cliente» disfrazada con sinceridad falsa, con frecuencia se detecta a leguas.

Hace poco recibí una llamada de un cliente con el que no había hecho ningún negocio en más de tres años. Muchas personas habrían borrado a esta persona de la lista hace mucho tiempo, pero yo me mantuve en contacto. A medida que mi propio negocio comenzó a desarrollarse en nuevas áreas, lo mantuve al tanto. Una de mis llamadas telefónicas para «mantener el contacto» se dio justo en el momento en que él estaba planeando un evento anual de ventas. Le mencioné que yo estaba dando muchas conferencias tónicas y le pregunte si estaba considerando contratar un conferencista. Para no hacer el cuento largo, ¡tuve la oportunidad de presentarme en su compañía tres veces en un periodo de seis meses!

¿Acaso no fue una inversión inteligente mantenerme en contacto e informarle a esta persona que lo apreciaba? Por supuesto. Sólo se necesitaba un poco de tiempo, demostrar aprecio genuino y recordar ¡la grandeza de las cosas pequeñas!

### LA CASA DE LLOYD

Harry Lloyd es otro gran ejemplo del poder del aprecio. Harry era el dueño de una compañía muy exitosa llamada la Casa de Lloyd, que vendía artículos por catálogo para fiestas en el hogar con el tema de La Navidad Alrededor del Mundo. La compañía y sus casi 400 empleados tenían su centro de operaciones en Grandview, Missouri un suburbio de Kansas City.

En Febrero de 1997, Harry Lloyd convocó una reunión general en la planta justo antes de salir el viernes. Les dijo a sus empleados que el lunes siguiente deberían estar en el Aeropuerto Internacional de Kansas con una maleta y ropa suficiente para una semana. Cada uno de ellos podía llevar un invitado. Todos estaban invitados, desde las amas de llaves hasta los más altos ejecutivos. La planta estaría cerrada por una semana, y se había contratado a una compañía de seguridad privada para que incluso los guardias de seguridad regulares pudieran ir al misterioso viaje. A las personas que, por alguna razón, no pudieran dejar la ciudad, se les pagaría una semana de vacaciones, más lo que gastara una persona de las que iba en el viaje.

Ese lunes en la mañana, 350 personas y sus invitados llegaron al aeropuerto y abordaron cuatro 737 que habían sido contratados. Una vez en el aire, ¡los pilotos anunciaron que su destino era Acapulco! ¡La mayoría de las personas nunca habían estado en un avión, mucho menos en México!

En Acapulco, todos tenían cuartos frente al mar en un hotel en la playa. La primera noche hubo una cena tipo buffet y entretenimiento en la playa. A cada uno se le dio $500 para gastos, y todo lo que comieran y bebieran en el hotel durante esa semana era por cuenta de Harry Lloyd. El jueves en la noche, algunas personas vieron un hermoso e iluminado crucero cruzando la bahía y comentaron que sería hermoso y emocionante si pudieran estar a bordo de un barco como ese.

El viernes en la mañana, Harry les dijo a todos que deseaba cenar con ellos esa noche, y les pidió que se encontraran en la playa al atardecer. Cuando llegaron, un helicóptero y varios botes pequeños los llevaron al barco crucero, donde comieron, bebieron y bailaron toda la noche. Al día siguiente regresaron a Kansas City con memorias que nunca olvidarían y un profundo sentido de cuánto los apreciaba Harry.

A Harry Lloyd le habían dicho dos semanas antes del viaje que estaba muriendo de cáncer, y deseaba dejar esta vida sabiendo que la gente que trabajaba para él conocía su profunda gratitud. Les dio a 700 personas la aventura de sus vidas y ellos nunca lo olvidarán o su emotivo gesto de aprecio.

1. La gratitud es una poderosa fuerza magnética que atrae el bien que deseas.

2. Para experimentar la gratitud de manera continua, debes entender y creer tres verdades:

   - Tu situación actual es grandiosa y está mejorando.
   - Tu vida actual está llena de cosas por la cuales puedes ser agradecido.
   - Tus resultados actuales continuarán cambiando, creciendo y mejorando.

3. La fe en acción es ser agradecido antes que el bien llegue a ti.

4. El aprecio hace de la gratitud un hábito y alimenta la bondad en tu vida.

# ASUMIR RESPONSABILIDAD

«El precio de la grandeza es responsabilidad.»

WINSTON CHURCHILL

AHORA CONOCES TODAS LAS SÚPER-LEYES y seis de los Principios de Poder. El último Principio de Poder —el Poder de Asumir Responsabilidad— es la última pieza del rompecabezas. Pone en movimiento la Ciencia del Éxito y abre el candado de combinación a la vida de tus sueños.

Cuando era niño, siempre me encantaba darle la última vuelta al candado de combinación de mi bicicleta o mi casillero. Mientras giraba el último numero, sentía una oleada de emoción. ¡El candado hacía clic en una forma diferente y se abría casi por sí mismo! Este es el punto donde estás ahora con la Ciencia del Éxito. Todo lo que resta por hacer es girar la perilla y el candado se abrirá.

El Poder de Asumir Responsabilidad tiene que ver con los resultados. Mi querido amigo y mentor Bob Proctor me dijo una vez: «Los resultados dicen una historia interesante… cuentan la historia verdadera.»

La Ciencia del Éxito produce resultados, pero sólo si usas los principios y los pones en acción consistentemente. Si no los usas, si no rindes cuentas a ti mismo por vivir alineado con las Súper-Leyes y practicando los Principios de Poder, entonces no obtendrás los resultados. Depende de ti aprender y entender el programa, y ponerlo en práctica en tu vida. Nadie puede forzarte a hacerlo y nadie puede hacerlo por ti. Tú tienes el control absoluto de tu propio destino. Es una cuestión de decisión, no de casualidad.

Asumir responsabilidad, significa que te haces responsable de todos los resultados en tu vida. No culpas a los demás por las cosas que no funcionaron. Comprendes que tú —y nadie más que tú— has producido la vida que vives hoy. Esto significa que adoptas la creencia que literalmente creas todo lo que te sucede y que todo es parte de un plan más grande para tu propio bien —aunque todavía no hayas arribado en tu mente y en tu corazón.

Podrías decir: «Bien, no puedo cambiar lo que fueron mis padres o cómo me criaron.» De acuerdo al Principio de Asumir Responsabilidad, a gran escala, tú seleccionaste a esos padres y esas circunstancias —y los seleccionaste por una buena razón, ya sea para aprender una lección o para ayudarlos a ellos a crecer. Esto es fácil de aceptar para algunas personas, pero muy duro para otros.

La gente exitosa siempre ha entendido y practicado el Principio de Asumir Responsabilidad. Sólo cuando asumes responsabilidad por todo en tu vida, puedes ser responsable por cambiarla y controlarla. Si no tuvieses nada que ver con la creación de tus circunstancias actuales, entonces no podrías hacer nada para cambiarlas. Es crucial que entiendas que si algo va a suceder en tu vida, depende completamente de ti.

Esta no es una de las creencias más populares o comunes. Yo interactúo con individuos y organizaciones todos los días, y muy pocas personas están dispuestas a ser responsables por sus vidas. Sin embargo, te sugiero que a menos que lo hagas, nunca crearás lo que realmente quieres. No puedes reclamar el poder para crear lo que quieres en el futuro a menos que estés dispuesto a ser responsable por haber creado menos de lo que deseabas en el pasado.

Tengo un amigo cercano que es muy exitoso. Ganó millones en bienes raíces antes de los treinta años, y se ha dedicado a otras pasiones. Hace poco me contó acerca de una mala inversión que había hecho. ¡Fue tan mala que perdió $300,000! Mientras lo escuchaba, me admiró el hecho de que él admitió ser completamente responsable por lo que había sucedido. En ningún momento culpó al vecino que lo había incitado a hacer la inversión ni ofreció excusa alguna. Simplemente dijo: «Aprendí mucho y, después de todo, fui yo el que tomó la decisión. ¡Nadie me torció el brazo!»

Lo llevé al aeropuerto la tarde siguiente. Voló a una cita de negocios donde le fue ofrecida una gran oportunidad —mucho más grande que su pérdida temporal de $300,000.

Ser completamente responsable por sus acciones, aun cuando las cosas no le resultaron bien, fue un ingrediente clave en el éxito de mi amigo. Él utilizó cada oportunidad para aprender, incluso cuando las lecciones fueron dolorosas —y éstas le produjeron resultados rápidamente.

DOS TIPOS DE PERSONAS: LOS SOÑADORES Y LOS TRIUNFADORES

Debido a mi trabajo, cada año conozco a miles y miles de personas. La mayoría de ellos caben en una de dos categorías: Los soñadores y los triunfadores.

Los soñadores tienen grandes sueños, mas no siempre son persistentes ni obtienen resultados. Los triunfadores tienen grandes sueños y los convierten en resultados. Ellos los ponen en el banco —financiera, emocional y espiritualmente. Ellos son responsables por sus vidas. Saben que nada va a suceder a menos que ellos hagan que suceda. Los triunfadores entran en acción. ¡Acción masiva, inmediata, inteligente y consistente! Esa es la diferencia entre las personas que sueñan y las personas que triunfan.

El año pasado realicé una presentación matutina en Atlanta y tuve la tarde libre. Era un hermoso día de primavera, así que caminé hacia el río Chatahootche. El cielo estaba despejado, el sol resplandecía y los pájaros cantaban. Mientras cruzaba el puente, noté un movimiento en el agua, justo debajo de mí. Miré y vi tres personas practicando kayak, así que me detuve para observarlos.

Dos de ellos se estaban moviendo a través de los obstáculos, girando y zigzagueando. Desde mi punto de vista amateur, estaban haciéndolo muy bien. Había una tercera persona en la orilla, y era obvio por la manera en que se comportaba y daba instrucciones que era un profesional. Yo pensé que el desempeño de los otros dos era sobresaliente, pero obviamente él no pensaba lo mismo.

Se introdujo en su kayak y se empujó para alejarse de la orilla. Lo que sucedió después fue poesía pura. Comenzó a zigzaguear y a girar su kayak dentro y fuera de los obstáculos. El agua ni siquiera ondeaba. Terminó el recorrido de manera impecable, regresó a la orilla y salió de su bote.

—¡No es justo! —dijo una de los estudiantes.

El instructor posó lentamente su remo en el piso. La miró directamente a los ojos y le dijo: «¿No es justo! ¿Te das cuenta lo que he estado haciendo durante los últimos siete años mientras tú y tus amigos estaban de fiesta los viernes por la noche? Yo estaba en casa estudiando a los maestros, escuchando cintas, viendo videos y aprendiendo este arte. Me iba a dormir temprano para levantarme temprano el sábado en la mañana e ir a entrenar. Yo estaba aquí en los obstáculos practicando y aprendiendo mi deporte. He invertido cada centavo que he podido por los últimos siete años en equipo y entrenamiento. Y, ¿sabes qué? No lo cambiaría por nada. Ciertamente me encanta. ¡Es mi pasión! ¡Yo pienso que es absolutamente justo!»

Ese instructor era una persona que alcanzaba sus metas y sus estudiantes eran soñadores. No es suficiente pensar acerca de prosperidad y éxito. Tienes que hacer algo al respecto.

Nosotros pagamos un precio por la grandeza. Requiere compromiso. Requiere responsabilidad personal. Requiere pasión. Si tienes estas cualidades y estás dispuesto a ser grande, a comprometerte, a ser responsable personalmente y alimentar tu pasión por el éxito, entonces ¡únete al Club del 3%!

Los miembros del Club del 3% son el 3% de las personas en nuestro mundo que se adhieren a los estándares más altos. Cada día ellos son completamente responsables por sus resultados, en todas las áreas de su vida.

Comprométete ahora mismo a ser parte de este club de élite y comienza comprometiéndose a releer un capítulo de este libro cada día hasta que se plante firmemente en el jardín de tu mente inconsciente. Puedes pensar que es exagerado, pero no lo es. No si tienes el deseo y la pasión de alcanzar el éxito. Tu condicionamiento ha estado en tu mente inconsciente por años y años. Si quieres reemplazarlo debes ser diligente. Reemplazar tus viejos paradigmas por paradigmas nuevos e ilimitados toma tiempo y energía. Recuerda: Las malas hierbas crecen por sí mismas, pero las flores requieren cuidado, atención y compromiso.

El reconocimiento es la primera ley del aprendizaje; la repetición es la segunda. La repetición causa retención. Si deseas retener tu nuevo paradigma y tu nueva visión, debes disciplinarte. Para reacondicionar tu mente inconsciente, debes llenarla con información nueva una y otra vez.

No leas ni escuches nada que sea contrario a estos principios. ¡No des pie a esas malas hierbas! Haz de las siete Súper-Leyes y los siete Principios de Poder parte de tu pensamiento, momento a momento. Enfoca tu pensamiento como un láser, y sé responsable por la información que permites que entre a tu mente. Si te comprometes a hacerlo, obtendrás resultados.

Los triunfadores hacen lo que la demás gente no hace. Se comprometen y actúan. Tendrás resultados turbo-cargados garantizados si actúas y te unes al Club del 3%.




La diferencia entre soñar y actuar, entre aquellos que no se unen al Club del 3% y los que lo hacen, es similar a la diferencia entre conocimiento y sabiduría que explicamos en el capítulo 1.

En el mundo de hoy, la gente cree que el éxito proviene de lo que saben. Con frecuencia escuchamos que el conocimiento es poder. Pero tú y yo entendemos que eso no es cierto. La sabiduría es el verdadero poder. La sabiduría es información organizada y utilizada en alineación con las leyes y principios universales.

El conocimiento es grandioso, pero la sabiduría te da resultados. El conocimiento es lo que sabes. La sabiduría es lo que estás haciendo con lo que sabes.



Algunas personas se han convencido a sí mismas que los resultados no son importantes. Esto suena raro, ¿no? Todos sabemos que, para ser exitosos, los resultados son absolutamente necesarios.

Pero considera esto. ¿Cuánta gente conoces que tiene una buena historia (o excusa) para explicar por qué no obtiene resultados? Con frecuencia las historias empezaron hace mucho tiempo:

- Crecí en vecindario equivocado.
- No tuve las oportunidades que otros tuvieron.
- Mi familia no era tan acomodada como otras.
- No tuve la educación o los títulos correctos.

Algunas veces estas personas parecen haberse engañado a sí mismas al creer que no obtener resultados es aceptable, mientras tengan una buena historia que justifique su falta de éxito. La ecuación que esta gente parece usar es: NO RESULTADOS + HISTORIAS = RESULTADOS. ¡Esto es completamente falso y es una actitud tremendamente deshabilitadora! Algunas historias pueden sonar como grandes excusas, pero garantizan el fracaso. En la medida en que la gente fabrique excusas por su falta de éxito, renuncian al poder para crear éxito.

Muchas de las historias que contamos son completamente verdaderas. Los hechos son precisos. Y también es cierto que las circunstancias externas pueden influenciarnos. Pero no determinan nuestro éxito. No tienen el poder para privarnos de nuestro bien, a menos que las dejemos. Abraham Lincoln, Martin Luther King y Mahatma Gandhi no dejaron que sus comienzos humildes los privaran de sus sueños. En la medida que continuemos enfocados en nuestras historias en lugar de nuestros resultados, nos privamos a nosotros mismos del cambio o de lograr algo.

Mira estos principios en relación a tu propia vida. Piensa en un área de tu vida en la que actualmente tienes éxito. Puede ser en tu relación, tus finanzas o tu juego de tenis. Puede que estés en gran forma física o que seas un padre o madre fabulosa. Ahora, para ver de cerca la naturaleza de las historias o excusas, y lo irrelevantes que son, inventa una historia sobre por qué no estás teniendo resultados exitosos en esa área. Lo más seguro es que puedas inventar varias excusas buenas sobre por qué podrías no tener éxito en esa área, un área en la cual sí estás triunfando. Las excusas siempre están disponibles para la gente que antepone las razones a los resultados.

Los triunfadores no cuentan historias. Los triunfadores van más allá de sus historias y obtienen resultados. Aun cuando la adversidad se aparece en su camino no se permiten morar en excusas.

Mi amigo que perdió los $300,000, nunca contó historias, inventó excusas o se hizo la victima. Él incluso me dijo: «Ese dinero que perdí, está en el banco más seguro que conozco: 'El banco del universo'. Yo sé que puedo recuperarlo, y lo recuperaré tan pronto como lo necesite.» Este es un gran ejemplo de cómo opera la gente exitosa, y la actitud de responsabilidad que garantiza su éxito.

Toma la decisión ahora mismo de dejar de usar tus buenas historias como excusas. Al enfocarte en tus historias, sólo creas más de lo mismo. Pensar acerca de escasez y limitación sólo crea más escasez y limitación. Enfócate sólo en tu visión y en tu potencial ilimitado. La única manera de forjar resultados es concentrarte consistentemente en lo que deseas, y excluir todo lo demás.



### ENCÁRGATE

La mayoría de las personas están viajando rápidamente en la autopista de la vida, sentadas en la parte trasera del autobús mientras otra persona conduce. Te voy a pedir que conduzcas tu propio autobús. Esto es esencial para garantizar que la Ciencia del Éxito funcione para ti.

La gente que no se hace responsable por su propia vida, son como pelotas de ping-pong en el mar. Son golpeados de un lado a otro por cada ola que pasa. No están a cargo de sus propios destinos.

Tú y yo debemos escoger. Debemos decidir si seremos responsables por cada cosa que tenemos en nuestras vidas, o no. Cuando somos responsables por lo malo, al igual que por lo bueno, entonces podemos cambiar nuestras circunstancias. Podemos decir: «¿Qué puedo hacer diferente? ¿Cómo puedo responder de manera diferente?»

Siéntate en el asiento del conductor. Decide ahora mismo crear el deseo de tu corazón.

### LAS 3 «R» DE ASUMIR RESPONSABILIDAD

Las tres «R» de asumir responsabilidad son reconocimiento, responsabilidad y ratificación. Veamos a cada una de éstas por separado:

- Reconocimiento: Tu primer paso es reconocer exactamente dónde estás en relación a tu visión. Considera objetivamente tus resultados actuales en cinco áreas clave: financiera, relaciones, intelectual, física y espiritual. Tal vez quieras tomar una hoja de papel y hacer una evaluación precisa de dónde estás en cada una de estas áreas, en relación a dónde te ves en tu visión.

- Responsabilidad: Ser completamente responsable por tus resultados es la clave para tu capacidad de ser libre. Toma un momento para considerar —y quizás escribir— exactamente por qué tú —y solamente tú— eres completamente responsable por tus resultados pasados y futuros. Recuerda todas las grandes historias que has usado como excusas, y por qué estas historias te han limitado en tu pasado.

- Ratificación: Date cuenta y ratifica que puedes cambiar y crear cualquier cosa que desees. Tal vez quieras escribir algunas notas sobre por qué esto es cierto. Luego escribe los nuevos resultados que quieres. Esto es, esencialmente, tu visión. ¿Qué estás buscando en las cinco áreas clave: financiera, relaciones, intelectual, física y espiritual?

Luego, como siempre, decide qué acciones vas a tomar en cada una de estas áreas. Siempre haz algo relacionado con tu meta dentro de las veinticuatro horas siguientes, luego de fijarla. Determina una fecha para cuando tomarás estas acciones y comprométete a hacerlo.

1. Asumir responsabilidad, significa que te haces responsable por todos los resultados en tu vida.

2. El éxito surge de ser plenamente responsable y actuar para crear los resultados que quieres.

3. Deshazte de las excusas y las buenas historias por no ser exitoso y adopta las tres «R» de asumir responsabilidad: reconocimiento, responsabilidad y ratificación.

4. Siempre haz algo relacionado con tu meta dentro de las veinticuatro horas siguientes, luego de fijarla.

# TODO JUNTO

«Sólo hay dos maneras de vivir la vida.
Una es como si todo fuese un milagro,
y la otra es como si nada lo fuese.»

ALBERT EINSTEIN

AHORA SABES TODO LO QUE NECESITAS SABER acerca del Poder de los Siete: Las siete Súper-Leyes y los siete Principios de Poder. Tienes todas las herramientas para hacer tus sueños realidad y vivir la vida que deseas. Al llegar a este momento, a menudo la gente dice: «James, entiendo las siete Súper-Leyes y los Principios de Poder; pero ¿cómo se ve, cómo se siente y cómo suena vivirlos diariamente?»

En este capítulo quiero examinar cómo se ve y cómo se siente vivir en realidad estos principios, compartir algunos logros que he obtenido en los últimos años gracias al fantástico poder de las personas y darte algunas sugerencias específicas para vivir la Ciencia del Éxito.

## CÓMO VIVIR LAS LEYES

Quiero empezar compartiendo una historia clásica de la Ciencia del Éxito. Bárbara Walters entrevistó a la «estrella» de esta historia, y me impresionó la forma tan clara y precisa como él había usado los principios de la Ciencia del Éxito para alcanzar sus sueños.

Bárbara comenzó preguntándole a esta persona si siempre había sabido que él iba a ser famoso. Él respondió que su pasión había sido siempre ser un gran actor y comediante. Él había creído en su sueño desde que era niño, y había sido bendecido con una familia y amigos que también creyeron que él sería famoso y exitoso algún día.

Bárbara le preguntó cómo había conseguido mantener viva su pasión cuando las cosas se pusieron difíciles. La infancia de este hombre había sido muy difícil. Su familia había vivido el sueño americano hasta que su padre fue despedido del trabajo. La situación se puso tan difícil que se vieron obligados a vivir en la vagoneta de la familia, conduciendo de lugar en lugar tratando de encontrar trabajo que les permitiera mantenerse juntos. Lo habían perdido todo, pero se tenían a sí mismos. A través de esos años difíciles, este hombre conservó viva su pasión manteniendo clara su visión.

Cuando fue lo suficientemente mayor para cuidar de sí mismo, se mudó a Los Ángeles para ir en pos de su sueño. Para hacerlo real en su mente, se giró a sí mismo un cheque por $10 millones y escribió una nota en la esquina que decía: «Por servicios de actuación prestados». Puso el cheque en su billetera y lo conservó siempre ahí.

Tan a menudo como podía, iba a Mulholland Drive, desde donde se puede ver todo Hollywood, y se paraba a contemplar las luces de la ciudad. Sacaba su cheque de $10 millones y entonces miraba a las luces hasta que sentía que ese dinero era realmente suyo y que todos en esa ciudad conocían su nombre y amaban sus películas. Cuando sentía el poder que provenía de esa convicción, conducía de regreso por la colina sabiendo que ya tenía su sueño.

La noche que se presentó en el show de Bárbara Walters, acababa de firmar un contrato por $10 millones para su siguiente película. Aún tenía el cheque original en su billetera cuando le pagaron los $10 millones de dólares reales «por servicios de actuación prestados».

El nombre del actor es Jim Carey, la estrella de Ace Ventura, La Máscara, Mentiroso, Mentiroso y El Show de Truman (La historia de una vida).

Después de leer este libro, sabes que ese primer cheque que él giró era tan real como el segundo que recibió. Era sólo cuestión de tiempo hasta que el segundo arribara. Jim Carey lo creyó así y se rodeó con gente que también lo creía. Fue agradecido por todo lo que tenía, incluso cuando no tenía mucho. Él aplicó todas las Súper-Leyes y los Principios de Poder y el Poder de los Siete comenzó a trabajar para él automáticamente.

La vida está destinada a ser divertida. Jim Carey sabe cómo hacer que la vida sea divertida para sí mismo y para los demás —en su trabajo y en su método para el éxito.

## COMIENZA EL DÍA CON VISIONES

La gente con la que trabajo a menudo me pregunta cómo aplico la Ciencia del Éxito en mi propia vida. Les respondo describiéndoles mi día. Tal vez no sea muy distinto del tuyo en muchos aspectos.

Me levanto alrededor de las 5:00 de la mañana. Cuando suena la alarma y me extiendo a apagarla, lo primero que veo es la tarjeta con mi visión. He escrito mi visión en una pequeña tarjeta y la conservo en mi mesita de noche. Cierro mis ojos y creo una imagen de mi visión y paso algunos momentos convirtiéndome en esa visión: Me imagino dentro de ésta, viviendo esta vida.

Luego me levanto y normalmente me pregunto: «¿Por qué estoy agradecido hoy?» Esta es una pregunta potente. Puede que esté agradecido porque mi dormitorio tiene una espectacular vista al océano. Los colores del agua son siempre diferentes, siempre bellos y nunca me canso de esa vista. Me doy cuenta que hacerme estas preguntas acerca de la gratitud, me reconecta con lo afortunado que soy en mi trabajo, con mis amigos y familiares, y mi habilidad para compartir mi vida con la gente.

Tengo una oración o afirmación que repito en la mañana y en el transcurso del día: «Yo soy uno con Dios. La infinita riqueza, amor y sabiduría de Dios fluyen a través de mí en avalanchas de abundancia, porque soy uno con Dios y Dios es todo.» Puedes crear tu propia afirmación personal, o puedes usar ésta si gustas.

Luego hago ejercicio. No importa si vas al gimnasio o no. Lo que importa es que durante el día estés haciendo cosas que te gustan y que te muevan hacia tu visión. Selecciono un buen libro que plante semillas positivas en mi mente y lo leo mientras hago ejercicio en la bicicleta estática. Uso la tarjeta con mi visión como señalador y de vez en cuando me detengo y leo mi visión, siempre manteniendo en mente lo que se siente vivir esa vida. Mientras me visto, me paro frente al espejo en mi cuarto y me miro directamente a los ojos y leo mis metas creyendo que ya las tengo.

Llego a la oficina entre las 7:30 y las 8:00 de la mañana. Trabajamos muchas horas, nos divertimos mucho y nos ayudamos unos a otros. Algunas de mis más grandes relaciones y sociedades están forjadas con las personas que trabajan con nosotros. Nunca siento que tengo que ir a trabajar. Siempre es un gozo, porque practicamos lo que predicamos.

Tenemos la declaración de nuestro propósito enmarcada. No es nada sofisticado, pero la ubicamos en distintos puntos de la oficina para no darla por sentado. Debido a que todos pensamos en imágenes, tenemos un gran tablero de sueños colgando en la pared de nuestra oficina con fotos de cosas que deseamos ser, hacer y tener en nuestras vidas.

Quiero que sepas que no nos sentamos todo el día a soñar pensando en nuestras visiones con nuestros ojos vidriosos. Hacemos el mismo tipo de cosas que tú haces probablemente. Hacemos llamadas telefónicas, organizamos reuniones y tenemos citas. Pero todo lo hacemos mientras mantenemos en mente nuestra visión. La declaración del propósito y el tablero de sueños son sólo herramientas que nos ayudan a plantar las ideas en nuestra mente inconsciente, de manera que pongamos en movimiento la Leyes de Atracción y Vibración. Nos enfocamos en lo que estamos haciendo ahora, pero nos mantenemos conectados con nuestros sueños y nos aseguramos que cada acción que tomamos no mueva hacia éstos.

Los tableros de sueños son una gran manera de usar el poder de visualización de la mente para crear tus metas y tus sueños. Te permiten hablarle al inconsciente en su propio lenguaje. Yo lleno mi tablero de sueños con fotos de todo lo que deseo ser, hacer y tener. Obtengo las imágenes de las revistas, postales, fotografías y cualquier cosa que veo que está en resonancia con mi visión.

Tengo todo tipo de cosas en mi tablero de sueños. Hay una foto de dos personas viendo el Gran Cañón. Fui en un viaje hace un par de años y deseo regresar. Tenía una foto de este libro en mi tablero también, y ahora tú lo tienes en tus manos. Tengo un par de fotos de autos y una motocicleta Harley-Davidson. Los tengo en mi mente ahora mismo y es sólo cuestión de tiempo antes de que estén en mi garaje. También tengo fotos de mis lugares favoritos para ir de vacaciones y un cheque pagado de uno de mis clientes principales por una cantidad substancial. Tengo una réplica de un billete de $100,000 de la casa de la moneda de EUA y una foto mía parado en un punto especial con vista a diferentes ciudades donde deseo construir las casas de mis sueños.

Considera lo que deseas poner en tu tablero de sueños. Que tus imágenes sean coloridas y vívidas. ¡Hazlas emotivas! Entre más vívidas vivan en tu mente, más rápidamente se materializarán.

## MANTENTE EN LA RUTA DE TU VISIÓN

La gente a menudo me pregunta: «¿Cómo te enfocas en tus sueños y al mismo tiempo te enfocas en lo que tienes ahora?»

Yo lo veo así. Imagínate que vas a manejar de San Diego a Atlanta. No mirarías solamente el mapa de Atlanta para hacerlo. Probablemente verías el mapa completo de la ruta entre las dos ciudades. Pero mientras estás manejando, mantendrías los ojos en el camino que tienes al frente. Constantemente verificarías las señales del camino para asegurarte que vas por la ruta más eficiente, pero tu mirada se mantendría enfocada en el camino que estás transitando en ese momento. Entenderías la ruta completa, pero tu atención se centraría donde estás ahora mismo.

Conservas tu visión en tu mente con toda su fuerza, pero pones el 100% de tu atención a lo que estás haciendo ahora, a las cosas que te mueven en dirección a tu visión. Es más o menos como darse golpecitos en la cabeza y sobarse el estómago al mismo tiempo; pero se vuelve más fácil con la práctica.

Cuando comienzas a ver tu visión claramente, puede que te veas tentado a hacer algo radical, como dejar tu trabajo. No te recomiendo que lo hagas. Tómalo con calma y no hagas movimientos drásticos o demasiado rápidos. De hecho, si sientes como que estás saltando de un puente, dale una segunda mirada para ver si estás saltando a una oportunidad o de hecho estás saltando al abismo. Confía en tu intuición. No te estoy sugiriendo que nunca experimentarás miedo o que nunca des un salto de fe, pero debes moverte al ritmo que sientas que es correcto para ti.

A medida que pones todo lo que tienes en las tareas del día de hoy, comenzarás a crecer. Si deseas una manera segura de cambiar de trabajo o cambiar de carrera para mejorar, haz lo mejor que puedas en tu trabajo actual. La mejor manera de moverse a una nueva posición en la vida es crecer más allá de tu posición actual. Vive y da con gratitud constante, y conserva tu visión clara en tu mente y en tu corazón. Tu enfoque y claridad atraerán tus sueños más rápido que renunciar por rabia y frustración.

DEJA QUE LAS LEYES FUNCIONEN

A veces es tentador «presionar» las Súper-Leyes, o tratar de «forzarlas» para que funcionen. Pero es mucho más fácil y divertido simplemente dejarlas funcionar. He aprendido que la fuerza niega.

En nuestra oficina hemos comprobado que las Súper-Leyes funcionan más rápida y dramáticamente cuando simplemente nos concentramos y nos emocionamos con lo que estamos haciendo. Hace poco estábamos hablando de ciertas cosas que deseábamos hacer y del hecho que necesitábamos algunos fondos adicionales para hacerlas. Esa misma tarde FedEx nos trajo un cheque inesperado de un cliente. Deseaba asegurarse que podría contar con nuestros servicios, así que nos envió un depósito. Una vez que te emocionas, te mueves a «la zona» donde las Súper-Leyes se aceleran y tu bien llega en avalanchas.

Cuando mi hermano comenzaba a usar las Súper-Leyes, estaba muy emocionado acerca de la Ciencia del Éxito. Una parte de su visión era construir un imperio en bienes raíces. Necesitaba a alguien que se hiciera cargo de todos los trabajos de reparación en sus propiedades de renta, pero se acababa de mudar a una nueva ciudad y no conocía a nadie.

Cierto día, cuando regresaba a casa desde el trabajo, se desinfló un neumático de su auto. Algo malo, ¿cierto? Para nada. La persona que se detuvo a ayudarlo parecía muy amigable. Comenzaron a hablar y establecer compenetración. Resultó ser que el negocio de esta persona era encargarse de las reparaciones de las propiedades de renta. ¡Exactamente lo que necesitaba mi hermano! Comenzaron a trabajar juntos y ahora tienen una relación de amistad al igual que un fuerte lazo profesional.



He dicho que la primera cosa que hago en la mañana es crear en mi mente una imagen de mi visión. También lo hago justo antes de ir a dormir y la mayoría de los días me tomo un tiempo después del almuerzo para ejercitar o meditar en mi visión.

Voy a guiarte por el camino que tomo, de manera que puedas duplicarlo usando tu propia visión. Incluso puedes grabar una cinta con tu visión para usarla durante tu tiempo de reposo. Me toma aproximadamente media hora, apago los teléfonos y me siento cómodamente en una silla reclinable. Pongo mi cuerpo y mi mente consciente en un estado de completa relajación y traigo mi visión a mi mente.

Esta es la manera en que guiaría a alguien en este ejercicio:

Por un momento, siéntate relajadamente con los ojos cerrados. Relaja tu cuerpo y tu mente. Comienza con tus pies y recorre hacia arriba cada músculo de su cuerpo, relajándolo. Dale a tu mente inconsciente la orden: «Mis pies están completamente relajados. Mis pantorrillas están completamente relajadas.» Y haz lo mismo con todo tu cuerpo. Ahora imagínate que estás despertando. Y cuando abres tus ojos, ves que estás en tu casa, con sus inmediaciones favoritas justo afuera de la ventana de tu dormitorio. Es una mañana clara y vibrante. Sientes tus éxitos y tus logros, y sabes que estás contribuyendo a la vida de muchas personas con lo que haces. Puedes sentirlo, y tu cuerpo reacciona al poder de ese sentimiento.

Cuando te levantas, puedes apreciar los bellos muebles que adornan tu hogar. Estás agradecido por toda la gente y las cosas maravillosas en tu vida. Camino a tu trabajo, conduces por un paisaje impresionante y estás agradecido por la gente que te conoce y que te ama. Ves tu calendario y estás encantado porque te reunirás con esas personas hoy. Tu primera cita puede ser con alguien a quien le estás sirviendo de mentor. Te sientes genial por haber tomado el tiempo para compartir tu sabiduría con esa persona. Ves a esa persona en tu mente, sonriendo de gozo. Quizás tu próxima cita es con tu mejor cliente y la que sigue con tu propio mentor. Tu mentor te escucha bien, y te sientes elevado a un nivel sublime.

Te detienes para comprar flores frescas antes de retornar a casa y disfrutar de una noche relajada y una deliciosa cena en compañía de tus seres queridos. Antes de retirarte a dormir, revives tu visión en tu mente y caes en un tranquilo y refrescante sueño.

Luego puedes hacer esta imagen más detallada y diseñarla más específicamente para tu visión. Hazla una foto en movimiento. Que la gente te hable. Escucha la música, huele los olores, siente las texturas. Haz tu visualización tan intensa y sensual como sea posible. Ve la película a través de tus propios ojos, como parte de ésta, no como un observador. Recuerda que la mente inconsciente no puede distinguir entre algo imaginado vívidamente y algo que está ocurriendo en el plano físico.

Con frecuencia concluyo mi día recostado en mi cama y haciéndome una serie de preguntas. ¿Qué hice hoy que contribuyó a mi visión? ¿Cómo viví mi visión? ¿Cómo cultivé mis relaciones y mis asociaciones? ¿Qué hice que contribuyó a mis relaciones y asociaciones? ¿Qué di hoy? ¿Di diez veces más valor que lo que pedí a cambio? Y finalmente, ¿por qué estoy agradecido? Es muy buena como primera pregunta en la mañana y como última pregunta en la noche.

Luego examino mi visión. Pongo en mi mente una imagen clara de ésta, le agrego emociones y experiencias con los cinco sentidos, y luego conservo esa imagen en mi mente hasta que me quedo dormido.

## LOS DESAFÍOS NOS FORTALECEN

Mucha gente comienza a practicar la Ciencia del Éxito, pero se desanima en el momento en que se encuentra un obstáculo. Es importante recordar que siempre enfrentaremos desafíos y que encontramos nuestras mayores fortalezas cuando realmente nos comprometemos con cierto curso de acción y nos apegamos a éste. Los desafíos son nuestros mayores maestros. Descubrimos nuevas fuentes de valor cuando nos sobreponemos a éstos y aprendemos las lecciones que nos ofrecen.

A medida que comienzas a ver funcionar las Súper-Leyes en

tu vida, comienzan a suceder pequeños cambios. Algunos de tus familiares, amigos y colegas tal vez no estén tan felices como tú. Puede que no entiendan lo que estás haciendo, e incluso pueden pensar que estás un poco chiflado. Algunas de estas viejas relaciones pueden cambiar y puede que algunas personas incluso se vayan. Te digo esto para que estés preparado por si te sucede. Es uno de los desafíos más comunes que enfrenta la gente cuando comienza a tener éxito en la vida.

Sabe que estás navegando a mar abierto. Los barcos no fueron construidos para estar anclados en el muelle, y estás haciendo lo correcto. Pero algunas personas tal vez quieran que te quedes anclado en tierra con ellos. Si sigues navegando mar adentro, puede que no estés tan cerca de ellos como solías estarlo. Eso no significa que ya no los ames o que no te relaciones con ellos. Sólo significa que es probable que tu relación no sea tan íntima como lo fue antes. Estás operando en una vibración diferente. Estás cambiando y creciendo, y así es como debe ser. Creciste y dejaste atrás algunos de los juguetes que disfrutabas cuando eras niño, y este proceso de maduración y crecimiento continúa a lo largo de tu vida. Si te enfocas en lo perdido, dejas de crecer. Si te enfocas en el gozo de crecer, tu vida continúa expandiéndose.

Otro desafío que enfrentamos es tener los fondos para hacer lo que queremos hacer en nuestras vidas personales y profesionales. Yo tengo metas muy dinámicas y mi compañía tiene metas muy dinámicas. Algunas veces eso es aterrador. Las habilidades de mi contador son completamente opuestas a las mías, pero ambos tenemos un compromiso sólido con nuestra visión. De vez en cuando, él tiene que decirme que no tenemos los fondos para financiar mis grandiosos planes. Yo deseo expandirme y crecer, y él desea asegurarse que podamos pagarlo.

Hemos decidido hacernos la siguiente pregunta: «Si el dinero no fuese inconveniente, ¿sería ésta una buena decisión de negocios?»

Si la respuesta es «sí», entonces procedemos a hacerlo. Ejercitamos nuestra fe y convicción, y confiamos en nuestra intuición. He aquí un ejemplo. Hace algunos años, necesitábamos nuevos materiales de entrenamiento que nos costarían varios miles de dólares. En ese momento no teníamos el efectivo disponible para hacerlo, pero sabíamos que era una buena decisión y procedimos a imprimirlos. A la semana siguiente, nos llamó un cliente para solicitar un curso de entrenamiento de ejecutivos que debía realizarse de inmediato. Lo fantástico del asunto es que los materiales que deseaban usar en el curso, eran exactamente los que acabábamos de mandar imprimir. Este contrato pagó el costo de impresión de los materiales y más.

No sólo eso, pero el trabajo de impresión iba a tomar unas tres semanas. Si no hubiésemos empezado el proceso, no habríamos podido satisfacer las necesidades de nuestro cliente y tal vez hubiésemos perdido el contrato. Fueron las Súper-Leyes en acción y fue excitante.

Me hago la misma pregunta en mi vida personal. «Si el dinero no fuese inconveniente, ¿está alineada esta decisión con mi visión?» Una vez más, si la respuesta es «sí», lo hago. Es increíble como esa decisión inmediatamente pone en movimiento las leyes, para que funcionen para tu beneficio.



### ¿QUÉ DE LAS DUDAS Y LOS PENSAMIENTOS NEGATIVOS?

A menudo la gente me pregunta qué pueden hacer acerca de los pensamientos negativos o los pensamientos de que no son dignos o no son capaces.

Yo también tengo esos pensamientos. Todos los tenemos. Algunas veces se filtran en nuestras mentes. La diferencia ahora es que no me quedo pensando en ellos por mucho tiempo. He aprendido a preguntarme cuando algo es realmente malo: «Bien, ¿qué hay de grandioso en esto?» Esa es la Ley de Polaridad. Si algo contiene negatividad, también contiene esa misma cantidad de energía positiva. Pero a veces cuando me hago esa pregunta, mi primera respuesta es: «¡Nada!»

Así que me hago otra pregunta: «¿Qué hay de grandioso en esto, si en realidad quisiera que fuese grandioso? Casi siempre surge algo. De hecho, si miras a tu vida en retrospectiva, puedes ver que muchas de las cosas que parecían terribles en ese momento llegaron a ser algunas de las mejores cosas que te llegaron a suceder. Sé que eso es cierto en mi caso. Yo aprendí mucho de esos eventos, y algunas veces me alejaron de situaciones que realmente me hubiesen limitado.

Cada fracaso trae consigo las semillas del éxito. Cuando te veas involucrado en negatividad, usa la Ley de Polaridad para voltearlo al revés y experimentar lo opuesto.

ARRIÉSGATE

Vivir la Ciencia del Éxito requiere valor, porque tienes que confiar en las Súper-Leyes antes de ver los resultados. ¡Esa es la manera en que ases su poder!

En 1995, vivía en Atlanta. Había dejado un gran cargo como directivo en una de las compañías Fortune 500 y había tenido mi propio negocio por casi cuatro años. Mi negocio andaba muy bien y la mayoría de mis clientes venían referidos a mí, o mediante la Ley de Atracción. Tenía una casa hermosa con una hipoteca muy baja en un vecindario lujoso. Las cosas me iban muy bien en Atlanta; pero la energía siempre está en proceso de cambio y transmutación. La Ley de Ritmo nos dice que si no estamos avanzando, estamos retrocediendo. Estaba estancado en una meseta, así que tenía que tomar una decisión. Tenía que cambiar. No podía quedarme como estaba. Mi visión me habló más fuerte que la comodidad de mis circunstancias y decidí llevar mi carrera al siguiente nivel.

Comencé a considerar lo que en realidad quería hacer y cuán grande era mi visión, y supe que Atlanta no era el lugar donde necesitaba estar para llevarla a cabo. Por esa misma época fui a San

Diego por negocios y mi intuición me dijo que ¡San Diego era donde necesitaba estar! Fue una sensación que me llevó a actuar. Firmé un contrato para una casa en La Jolla y regrese a Atlanta para poner mi casa a la venta. La vendí y me mudé, todo en un lapso de seis semanas. Puse todo en movimiento y el universo se encargó de los detalles.

Tuve algo de trepidación, porque estaba dejando atrás un gran negocio y amigos maravillosos. Cuadrupliqué mis gastos mensuales al mudarme a La Jolla y no conocía a nadie allí. Esa fue una gran prueba para mi fe. Me había mudado a La Jolla en agosto de 1995. En diciembre de ese año, como he dicho, todos mis clientes cancelaron sus contratos inesperadamente. Yo había contratado nuevos empleados y adquirido nuevas oficinas. Había comprado equipo nuevo y había hecho un gran desembolso de efectivo.

En febrero de 1996, estaba sentado en la sala de mi casa viendo todas las cosas hermosas que había comprado y ¡lo único que quería era regresarlas y tener ese dinero! No podía pagar la nómina y no podía pagar mis cuentas. Incluso comencé a dudar de mi visión.

Esto fue lo que hice: Puse las riendas a mi proceso de pensamiento. Me di cuenta que puedes tener un pensamiento que te deshabilite, mientras no te involucres emocionalmente con éste. No te hará mucho daño si no moras en éste y continúas plantándolo en tu inconsciente. Aprendí rápidamente a cancelar mis pensamientos de escasez.

Miré a mi alrededor y llegué a un momento decisivo, un momento de la verdad. Me di cuenta que si perdiera todas mis posesiones materiales, ¡aun haría exactamente lo que estaba haciendo! Mi visión continuaría siendo la misma y mi pasión sería la misma. Me di cuenta que no podía forzar nada para que sucediera, porque la fuerza niega. Es como tratar de no pensar en el elefante rosado. Eso todo lo que puedes tener en tu mente. Si estás tratando de forzar algo para que no sea, lo estás alimentando con energía. Tuve que relajarme, confiar y tener fe.

Eso es fácil de decir cuando las cosas van bien, pero la ley opera todo el tiempo —cuando las cosas van bien y cuando no. No siempre es fácil tener fe cuando las cosas no van bien. Tuve que hacer un esfuerzo para pensar de maneras que no me hicieron sentir a gusto en ese momento, pero que produjeron los resultados que quería.

Conscientemente dejé ir el temor y me aferré a mi visión. Reivindiqué el poder de mis sueños. Fui al océano y medité. Absorbí la belleza de Dios y de la naturaleza. Consideré todas las cosas por las que estaba agradecido. Poco después de eso, las semillas que planté esa tarde comenzaran a atraer nuevos clientes y nuevos contratos. Viví, aprendí, reí y dejé que las leyes funcionaran.

Nunca nadie ha experimentado grandeza sin tiempos de desafío y estos son los momentos decisivos cuando tenemos la oportunidad de fortalecer nuestra fe, nuestra visión y nuestro propósito. Recuerda que esos momentos difíciles son el resultado de tus pensamientos y acciones del pasado. ¡Sigue adelante con fe! Busca la lección y la bendición. Yo nunca hubiese realizado los cambios que realicé, si no hubiese llegado al lugar en que todos mis razonamientos fueron cuestionados y reafirmados. Los desafíos vienen a nosotros para que podamos considerar dónde estamos, ajustarnos si es necesario y aferrarnos a la verdad.

EL PODER DE «YO SOY»

«Yo soy» son las dos palabras más potentes del lenguaje. Todo lo que pongas después de estas palabras se convierte en parte de tu identidad. Estas palabras se plantan profundamente en tu mente inconsciente. Mi oración diaria, la que compartí contigo, comienza: «Yo soy uno con Dios.» Y el resto es una reflexión de eso: «El infinito amor, riqueza y sabiduría de Dios, fluyen hacia mí y a través de mí en avalanchas de abundancia, porque yo soy uno con Dios y Dios es todo.» Al igual que tú.

Cada año me tomo libre la semana entre Navidad y Año Nuevo,

y voy a algún lugar apacible y relajante para reflexionar sobre el año anterior. Establezco mis metas y me realineo con mi visión para el año que viene. Hace algunos años fui a Sedona (Arizona) y encontré una roca arriba del Cañón Boynton que los indios Hopi creían era tierra sagrada. ¡Fue impresionante! Muy pocas personas van allí, porque hay que escalar toda la mañana para alcanzar ese punto.

Me paré en esa roca y dije mis afirmaciones de «Yo soy» desde ahí. Mencioné todas la metas y visiones que había establecido, y ahora la llamo la roca «Yo soy». Invocarlas en ese cañón sagrado fue increíble.

## EL PODER DE SER MENTOR

Probablemente has escuchado que enseñamos lo que necesitamos aprender. Yo soy afortunado en que la misión de mi vida sea la misma que mi trabajo: ser un maestro. Cada día tengo la oportunidad de volver a plantar esos pensamientos en mi mente inconsciente. Puede que no seas un maestro de profesión, pero todos nosotros podemos ser mentores. Es una de las mayores contribuciones que podemos hacer a los demás y una de las mejores cosas que podemos hacer por nosotros mismos.

Si quieres reforzar tus creencias, visión y habilidades, conviértete en un maestro para aquellos que están a tu alrededor. Encuentra alguien que esté interesado en lo que sabes y compártelo con él o ella. Dile lo que eso significa para ti. Cuéntale tu historia. Dile lo que has aprendido y cómo aplican las leyes y principios a lo que estás haciendo. Ayúdale a aprender. No importa si piensas que no estás listo. Estás listo.

A menudo pensamos en ser mentores de la gente joven, pero puedes ser mentor de tus coetáneos y de tus colegas —incluso de gente mayor que tú. Puede que tengas más experiencia en algo que ellos quieran aprender. Sé generoso con tus dones, tus aptitudes y tu información.

Tú te beneficiarás, cuando menos, tanto como ellos.

Felicitaciones. Has invertido más que el 97% de la gente en el mundo en la mejor inversión que podrías realizar: ¡EN TI MISMO! Las recompensas que cosecharás serán abundantes.

Yo lo sé porque he aplicado estos principios en mi propia vida, y funcionan. Por mucho tiempo lo hice de manera inconsciente. No estaba seguro de por qué era exitoso. Una vez que aprendí a aplicar las siete Súper-Leyes y los siete Principios de Poder conscientemente, pude escoger tener éxito, y ¡pude tener éxito en cada ocasión!

Quiero ofrecerte algunos pensamientos de despedida, a manera de repaso de lo que hemos aprendido. Primero, recuerda que el bien que buscas, también te está buscando a ti. Esta es la Ley de Vibración y Atracción. Tu claridad activa una fuerza magnética que te atrae tu visión. Este es el Poder del Entendimiento.

Está consciente constantemente de tu paradigma y está listo para cambiarlo a través del Poder de los Paradigmas. A medida que avanzas, imagina y programa nuevos, más grandes, más poderosos y mejores paradigmas. Vierte las poderosas y claras aguas del nuevo pensamiento. Usa tu Poder de la Visión para crear imágenes claras y vívidas de lo que quieres en la vida.

Cultiva las relaciones por medio del Poder de las Asociaciones. Encuentra mentores, interactúa con ellos con regularidad. Forja relaciones profundas con las personas como las que aspiras llegar a ser, gente a la que admires y gente que te ayudará a expandirte, que cree en ti y te ayudará a crecer. Recuerda que los triunfadores no compiten, sino crean. Realmente no tienes competencia.

Esto te ayudará a sacar provecho del Poder de Dar. Los triunfadores siempre dan diez veces más en valor de lo que piden a cambio. Recuerda el Principio Bumerang. Todo lo que des, regresa. Crea vacíos en tu clóset y en tu vida que atraerán a ti el bien que buscas. Permite que el Poder de la Gratitud funcione para ti. ¿Por qué estás agradecido hoy? Atraerás más de aquello que aprecias. Y, por último, entiende el Poder de Asumir Responsabilidad. Decide hacerte responsable por tu propia vida, tus acciones y tus resultados. Conduce tu propio autobús. Siempre tienes opciones. Deja atrás tus buenas historias para siempre y concéntrate en obtener resultados.

Ahora estás listo para obtener cosas que nunca imaginaste posibles. Tienes el poder de crear todas las cosas que quieras y puedes comenzar ahora mismo a atraer el bien a tu vida. Captura el poder ilimitado que Dios te ha dado y sigue tu pasión.

Gracias por permitirme compartir mi vida, mis creencias y mi fe contigo. Mi más grande visión es un mundo en el que las personas recuerden quiénes son en realidad y que es su derecho de nacimiento tener lo que quieran en la vida. A medida que cada uno de nosotros crece y se mueve a una cima más alta de desarrollo personal, hacemos que todo el planeta avance. Todos provenimos de la misma fuente y tenemos acceso al mismo poder. La más grande contribución que tú y yo podemos hacer al mundo es convertirnos en todo lo que nacimos para ser. Me emocionaría mucho saber de tus éxitos.

¡Controla y dirige tu magnífico poder y haz de tu vida toda una obra maestra!

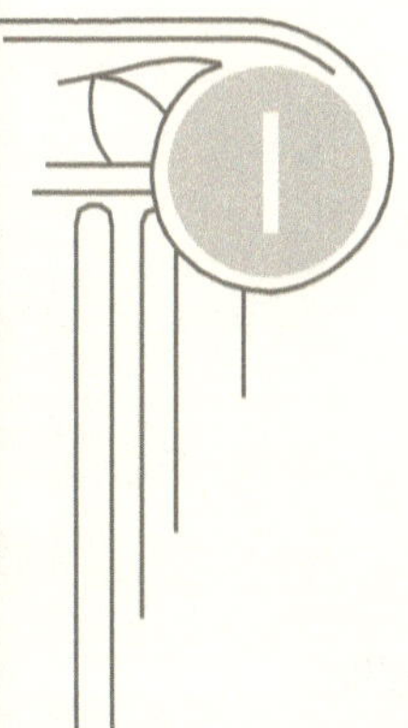

# BIBLIOGRAFÍA


Anderson, U.S. The Magic In Your Mind. New York: Wilshire Book Company, 1961.

Behrend, Genevieve. Your Invisible Power. Montana: Kessinger Publishing, 1927.

Bohm, David. Wholeness and Implicate Order. New York: Routledge, 1995.

Capra, Fritjof. The Tao of Physics. Boston: Shambhala Publications, 1991.

Castaneda, Carlos. Journey to Ixtlan. New York: Washington Square Press, 1972.
A Separate Reality. New York: Washington Square Press, 1971.
The Teachings of Don Juan. New York: Washington Square Press, 1990.
The Art of Dreaming. New York: HarperCollins Publishers, Inc., 1994.

Chopra, Deepak MD. Quantum Healing. New York: Bantam Books, 1989.
Unconditional Life. New York: Bantam Books, 1991.
Ageless Body, Timeless Mind. New York; Harmony Books, 1993.

Dyer, Wayne. Manifest Your Destiny. New York: HarperCollins Publishers, 1997.

Frankl, Viktor. Man's Search for Meaning. New York: Simon & Schuster, 1984.

Fritz, Robert. The Path of Least Resistance. New York: Fawcett Columbine, 1989.
Creating. New York: Fawcett Columbine, 1991.

Goswami, Amit. The Self-Aware Universe. New York: Penguin Putnam, Inc., 1993.

Grof, Stanislov, MD. The Holotropic Mind. New York: HarperCollins Publishers, 1993.
The Stormy Search For The Self. California: Tarcher/Perigee, 1990.

Hill, Napoleon. Think and Grow Rich. New York: Fawcett Crest, 1960.

Holliwell, Raymond. Working With The Law. Arizona: Church and School of Christian Philosophy, 1992.

Maltz, Maxwell, MD. Psycho-Cybernetics. New York: Pocket Books, 1960.

Mandino, Og. The Greatest Salesman in the World. New York: Bantam Books, 1968.

Millman, Dan. The Way of the Peaceful Warrior. California: H.J. Kramer, Inc., 1984.

Murphey, Joseph. The Power of Your Subconscious Mind. New Jersey: Prentice-Hall, Inc., 1963.

Pirsig, Robert M. Zen and the Art of Motorcycle Maintenance. New York: Bantam Books, 1981.

Price, John Randolph. The Super Beings. Texas: the Quartus Foundation for Spiritual Research, 1981.

Proctor, Bob. Born Rich. Missouri: Praxis International Group, LLC, 1996.

Russell, Robert. You Too Can Be Prosperous. California: DeVorss & Company, 1950.

Seligman, Martin. Learned Optimism. New York: Pocket Books, 1990.

Sheldrake, Rupert. The New Science of Life. Vermont: Park Street Press, 1995.

Talbot, Michael. The Holographic Universe. New York: HarperCollins Publishers, 1991.

Troward, Thomas. The Law and the Word. California: DeVorss & Company, 1917.
The Creative Process in the Individual. California: DeVorss & Company, 1915.
Bible Mystery Bible Meaning. California: DeVorss & Company, 1913.
The Hidden Power. California: DeVorss & Company, 1921.

Walters, J. Donald. Money Magnetism. California: Crystal Clarity Publishers, 1992.

Wattles, Wallace D. The Science of Getting Rich. Florida: Top Of The Mountain Publishing, 1993.
The Science of Becoming Excellent. Florida: Top Of The Mountain Publishing, 1993.
The Science of Well Being. Florida: Top Of The Mountain Publishing, 1993.

Wheatley, Margaret. Leadership and The New Science. California: Berret-Koehler Publishers, Inc., 1994.

# JAMES ARTHUR RAY

COMO UN EMPRESARIO Y MILLONARIO POR SUS PROPIOS LOGROS, James es uno de los pocos maestros espirituales que ha alcanzado altos honores en el mundo de los negocios y ha sobresalido como empresario por los últimos 15 años. Su experiencia en ciencias del comportamiento y en los negocios, junto con su ferviente búsqueda espiritual, le brindan la potente y singular capacidad de abordar los asuntos de la vida desde un nivel integrado y completo.

Recientemente reconocido en el San Diego Business Journal como uno de los negocios empresariales de mayor crecimiento en el área, James Ray International es una empresa multimillonaria que se especializa en enseñar a individuos cómo crear riqueza en todas las áreas de sus vidas: financiera, relacional, intelectual, física y espiritual.

Antes de su éxito empresarial, James tuvo una próspera carrera corporativa, durante la cual pasó más de cinco años como uno de los mejores gerentes de ventas de AT&T, cuatro años como experto en crecimiento personal y de negocios con la Facultad de Administración de AT&T, y cuatro años trabajando con el autor de libros superventas Stephen Covey.

James ha estudiado y ha sido expuesto a una amplia diversidad de enseñanzas y maestros: desde universidad tradicional y las facultades de administración de AT&T hasta las antiguas culturas del Perú y Egipto y las junglas del Amazonas. Como resultado, él posee la singular habilidad de complementar lo místico con lo práctico en una fórmula útil y accesible.

Gracias a su trasfondo completo, James se considera a sí mismo un «místico práctico». Su programa de Trayecto de Poder es la fusión de principios para crear riquezas y estrategias del éxito, al igual que las enseñanzas de todas las grandes tradiciones espirituales, escuelas de misterio y estudios esotéricos que James ha experimentado y asimilado en los últimos veinticinco años.

Cuando no está en retiro aprendiendo de sus mentores espirituales, James conduce más de 150 días de presentaciones y seminarios públicos cada año. Como coach y maestro, James ha ayudado a cientos de individuos y organizaciones a crear armonía y riqueza en todas las áreas de su negocio y de su vida.

PARA MAYORES INFORMES ACERCA DE PRODUCTOS Y<br>
EVENTOS POR JAMES RAY, VISITA WWW.JAMESRAY.COM

# JAMES ARTHUR RAY

«¿Acaso no estás cansado de programas de superación personal que prometen el cielo, la luna y las estrellas, pero no presentan ningún cambio real en tu vida?»

JAMES ARTHUR RAY

APRECIABLE AMIGO:

¡Yo también!

Mi nombre es James Arthur Ray, y si asientes con la cabeza a cuando menos algunas de las cosas siguientes…

…TE ENCANTARÁ LO QUE TE VOY A REVELAR.

- Simplemente (y profundamente) quieres ganar más dinero y ser más exitoso…

- Quieres duplicar, triplicar, y hasta multiplicar por diez el tamaño de tu negocio…

- Ya has alcanzado cuando menos un nivel moderado de éxito, y quieres usar éste como un trampolín para alcanzar cosas mayores…

- Sabes que podrías mejorar mucho en la vida con un poquito de ayuda…

- Te das cuenta que si solamente trabajas más duro puedes llegar hasta cierto nivel, y tú quieres más…

- Sabes (o, cuando menos, sospechas) que el dinero, por sí solo, no compra la felicidad verdadera…

- Ya has ganado un montón de dinero, pero no has podido disfrutarlo como siempre creías que lo harías…

- Sospechas que la vida puede ofrecer mucho más…

- Tus relaciones personales pueden tener un gran impacto en tu satisfacción general con la vida…



¿Lo has considerado a fondo? ¿Lo has asido con ambas manos, le has dado vueltas y lo has examinado desde todos los ángulos?

¿Lo has desarmado pieza por pieza y vuelto a armar, para ver cómo funciona?

Una vez que hayas hecho esto, tendrías una buena idea de lo que es, exactamente, el éxito, y cómo crearlo, ¿no? Bueno, eso es exactamente lo que he estado haciendo por los últimos 25 años, y ha sido toda una experiencia extraordinaria… ¡y una revelación un tanto espeluznante!

EN UN MOMENTO, TE CONTARÉ LAS COSAS MÁS SORPRENDENTES
(E IMPORTANTES) QUE APRENDERÁS ACERCA DE VOLVERTE
ESCANDALOSAMENTE EXITOSO.

¿Estoy capacitado para hablarte sobre el éxito?

Por supuesto. Hace 25 años descubrí algo que tuvo un profundo efecto en mi vida (y seguro tendrá el mismo efecto en la tuya también). Me di cuenta que casi todas las personas exitosas que había conocido tenían varias características y creencias específicas en común.

¡NO ME DIGAS!… HAS DE PENSAR. PUES SÍ TE TENGO QUE DECIR.

De hecho, estoy seguro que esta observación es la llave del reino —el secreto que permite que casi cualquiera se vuelva escandalosamente exitoso. Considéralo. La mejor manera de volverte grandioso en algún área es buscar la mejor gente en ese campo y aprender lo que hacen que los vuelve grandiosos, y emular eso.

No estoy diciendo que un torpe y descoordinado chaparro sin talento podría aprender a ser un grandioso jugador de baloncesto debido a ver (y tratar de emular) a Shaquille O'Neal. Ser una estrella del baloncesto requiere ciertos talentos físicos y atléticos que uno debe tener de nacimiento.

Más bien, me refiero a dominar los aspectos mentales, emocionales y espirituales de ser exitoso —y la mayoría de la gente puede aprenderlos (y, con mi capacitación, lo hace).

Entre más estudiaba a gente exitosa, más descubría cuán similares son entre ellos —y cuán diferentes del resto de la gente.

Y a medida que comencé a notar y emular estas distintas características, hábitos y creencias, me volví mucho más exitoso. Al principio fue un proceso lento, pero entre más practicaba y refinaba mi nuevo «sistema», me volvía más exitoso —y el proceso comenzó a agilizarse.

De hecho, estoy escribiendo esto sentado en mi hermoso condominio frente a la playa en la isla de Hawai —algo que no me hubiera atrevido siquiera a soñar antes de descubrir y refinar mi «Ciencia del Éxito».

Como dije, mi descubrimiento inicial tuvo lugar hace muchos años, y he pasado los últimos 25 años refinándolo y enseñándolo a otras personas. Decir que me he vuelto exitoso usando el mismo sistema que quiero enseñarte es quedarse corto.

ASÍ QUE, POR FAVOR, POR TU PROPIO BIEN, ¡PRESTA ATENCIÓN!

He compartido la plataforma y presentado con los mejores expertos del éxito y mejoramiento personal en el país, incluyendo notables como Zig Ziglar, Robert Schuller, Robert Kiyosaki, Tony Robbins, Brian Tracy, Denis Waitley, Harv Eker, Howard Putnam, Jack Canfield, and John Gray.

Además de eso, algunas de las compañías con la mejor mentalidad de negocios en el país (IBM, Coca Cola, Merrill Lynch, Subway, Sprint, AT&T, Verizon, Century 21, Re/Max, Dow Chemical, Blue Cross/Blue Shield, y muchas, muchas más) me han contratado para enseñar a sus altos ejecutivos cómo ser más exitosos, así que puedes decir que realmente «vivo lo que enseño», y no solamente imparto palabras «de la boca para afuera», como muchos otros.

A propósito, no estoy hablando solamente del éxito financiero. Estoy hablando del éxito total y verdadero —el éxito que crea Riqueza Armónica® total y esa <u>tranquilidad interior</u> que la acompaña.

Por supuesto que el éxito financiero es una gran parte de éste, y cualquier sistema de éxito total debe guiarte en el camino hacia la independencia financiera. Pero eso es sólo el comienzo.

La clave verdadera para crear la vida de tus sueños es alcanzar la Riqueza Armónica verdadera. Es ahí donde encuentras la satisfacción... tranquilidad... una profunda conexión con (y comprensión) el mundo a tu alrededor y tu lugar en éste.

Permíteme explicarme. Hay cinco clases de riqueza importantes, pero ninguna de éstas (ni siquiera las riquezas financieras) por sí sola te puede brindar el éxito o la felicidad verdadera.

Éstas son...

PRIMERO ESTÁ LA RIQUEZA FINANCIERA.

Es el dinero en tu cuenta de banco... el rollo de billetes en tu bolsillo... tu cartera de inversiones... tus propiedades... o tal vez solamente el cheque que recibirás la próxima quincena.

LUEGO ESTÁ LA RIQUEZA FÍSICA.

Esta es la salud y estado físico de tu cuerpo. ¿De qué sirve la riqueza financiera si no puedes ni moverte para disfrutarla? Conozco a mucha gente rica (realmente podridos en dinero) que con gusto daría toda su riqueza financiera para poder recuperar su salud o tener un nivel moderado de buen estado físico.

OTRO TIPO DE RIQUEZA ES LA RIQUEZA RELACIONAL.

Este es el estado de tus relaciones personales (incluyendo contigo mismo). Repito, he conocido a muchos que con gusto cambiarían su riqueza financiera por el amor verdadero o una buena amistad. Somos animales sociales, y siempre estamos más saludables y felices cuando tenemos relaciones gratificantes y saludables con otras personas, junto con un buen nivel de autoestima.

### Y OTRO TIPO DE RIQUEZA ES LA RIQUEZA INTELECTUAL.

Esta es tu riqueza de conocimiento. Es la combinación de la información, aptitudes, talentos y experiencias de la vida que has acumulado y forjado a través de los años. Es tu entendimiento de cómo funciona el mundo físico.

### POR ÚLTIMO, ESTÁ LA RIQUEZA ESPIRITUAL.

Esta es la clase de riqueza que es difícil de definir, pero que la reconoces de inmediato cuando la posees. Es ese tipo de riqueza que (por lo general) permanece desaprovechada, pero que es increíblemente potente… casi mágica. Es tu conexión con el resto del universo y la manera en que haces uso de su poder. Es la energía interior que todos poseemos. Es el principal componente de la satisfacción y la tranquilidad.

### CUANDO LAS CINCO ESTÁN BALANCEADAS, LOGRAS LA RIQUEZA ARMÓNICA.

¿Cómo lo sé?

Recuerda que he pasado los últimos 25 años estudiando cada aspecto del éxito, gente exitosa y cómo forjar riqueza. Pero no me detuve en las personas con riqueza financiera; busqué y aprendí de las personas que eran felices —¡y las que no lo eran!

Estudié y trabajé con personas de todas las profesiones y condiciones sociales —profesionistas, obreros, doctores, abogados, empresarios, clérigos, el carnicero, el panadero y el candelero. De todas.

Si afectaba el éxito o mostraba cualquiera de las cinco clases de riqueza, lo estudié. Siempre estaba buscando cuáles combinaciones de las diferentes clases de riqueza y las características de personalidad que hacían feliz a la gente. Después de todo, ¿acaso no es eso lo que todos queremos realmente?

Me sorprendió saber que algunas personas estaban felices con mucho menos recursos financieros que yo (y tal vez tú) necesitaba para subsistir, y otras ganaban varios millones al año y aún así no eran felices.

La simple realidad es que se necesita un nivel razonable de éxito y balance entre los cinco tipos de riqueza para que la gente alcance y conserve la felicidad…

…para ser triunfadores… para llegar a ser realmente exitosos…



Una vez que dominé el arte de éxito, estuve decidido a compartir mis descubrimientos con los demás. Hago esto mediante una capacitación de fin de semana llamada Harmonic Wealth Weekend (Fin de Semana de Riqueza Armónica que, por el momento, sólo se ofrece en inglés), y quisiera decirte un poco acerca de éste, y cómo puede cambiar tu vida drásticamente.

¿Por qué estoy ansioso por compartir la obra de mi vida contigo?

Es sencillo…

Es lo que me encanta hacer… es un valioso servicio para mis estudiantes y mis clientes… me ha vuelto extremadamente exitoso (sí, también económicamente rico)… y satisface mi necesidad de ayudar a los demás.

HE AQUÍ UNA PROBADITA DE LO QUE DESCUBRIRÁS…

- Las áreas de tu vida que están «desarmonizadas»; lo que significa la verdadera armonía para tus resultados; y cómo hacer correcciones inmediatas…

- Las limitaciones inconscientes que no te han permitido alcanzar tu potencial ilimitado…

- Cómo aumentar tu propio nivel de energía inmediata y exponencialmente…

- La manera fácil para vencer el estrés y los temores que te han mantenido estancado…

- Tu poder para crear y atraer todo lo que quieres…

- Nueva programación interna y patrones de conducta que te catapultarán hacia tus metas…

- Cómo forjar hábitos de pensamiento y acción que te garanticen tu capacidad continua para triunfar en cualquier cosa que desees lograr…

- Un plano estratégico para tu vida, para la implementación y éxito inmediatos…

- Cómo eliminar la indecisión —para siempre…

- Si tienes un temor inconsciente al fracaso… o, lo que es peor (y más común) un temor al éxito. Aprenderás a eliminarlo para que nunca más te sabotee…

- La verdad sin adornos acerca de la suerte (la buena y la mala) y cómo afecta tu éxito…

- Una jugarreta sucia que te hace tu cerebro, que puede causar que el éxito sea casi imposible de alcanzar y cómo neutralizarlo de una vez por todas…

- Cuál es tu TBS y cómo es que unos pequeños cambios pueden tener efectos profundos para el resto de tu vida…

- Y mucho, mucho más…

Y ¡ESO ES SOLAMENTE LA PUNTA DEL ICEBERG!

Por supuesto, es lógico que yo te diga lo maravilloso que es el Fin de Semana de Riqueza Armónica, porque estoy tratando de convencerte de que me acompañes. Y, ya que me gano la vida capacitando a gente sobre cómo alcanzar la verdadera Riqueza Armónica, tal vez pienses que voy a ser un tanto parcial.

Así que mejor veamos lo que algunos de los participantes recientes del Fin de Semana de Riqueza Armónica tienen que decir…

«Desde que trabajé con James y asistí al Fin de Semana de Riqueza Armónica, mi consultorio dental, de por sí exitoso, ha aumentado sus ingresos más de un 30%, y sigue aumentando ¡sin que vea la hora en que se detenga! Si deseas crear la riqueza verdadera en todas las áreas de tu vida, tienes que venir a ver a este hombre.»

David I. Peck, DMD

«Desde que regresé del evento, he atraído a una mujer maravillosa a mi vida, mis problemas de salud se han curado a sí mismos completamente y mis ingresos han aumentado 125% en los primeros 60 días.»

Scott Hughes

«Antes del Fin de Semana de Riqueza Armónica, estaba trabajando todo el tiempo sin ver ningún resultado. Desde mi experiencia de fin de semana con James, finalmente puedo ver los resultados. Ahora trabajo menos, paso más tiempo con mi familia y tengo más dinero en el banco.»

Greg Stokes

PARA MAYORES INFORMES ACERCA DE CÓMO PUEDES EXPERIMENTAR LA
RIQUEZA ARMÓNICA EN TODAS LAS ÁREAS DE TU VIDA, VISITA
WWW.HARMONICWEALTHWEEKEND.COM

www.ingramcontent.com/pod-product-compliance
Lightning Source LLC
Chambersburg PA
CBHW031115250726
48655CB00004B/1726